JN077758

基本がわかる／実践できる

Analysis and Use of Financial Statements

決算書の
読み方・活かし方

公認会計士
川口宏之
Hiroyuki Kawaguchi

日本能率協会マネジメントセンター

はじめに

「決算書を読めるようになりたい」
と思っていても、
「読めたところで、それをどう活用すればいいのだろう？」
「自分の仕事には関係しないのでは？」
という疑問が先行してしまい、学びの第一歩を踏み出せずにいる方が多いようです。

本書は、決算書が読めるようになって、かつ、それを仕事に活かしたいと思っている、ビジネスパーソンのための本です。

具体的には、
・仕事で認められたいと思っている若手社員
・昇進や部署異動で必要に迫られている中堅社員
・今さら「知らない」とは言えない管理職
・就活・転職中の求職者
・自分でビジネスを興したいと思っている起業家の卵
といった方々が当てはまると思います。

本書は、そうした方々が学びやすいように2部構成としています。

「基本編」では、会計知識ゼロの方でも理解できるように、決算書がそもそも何なのかという説明から始まり、財務3表と呼ばれる貸借対照表、損益計算書、キャッシュ・フロー計算書が、簡単に読めるようになるポイントをお伝えします。さらに、会計を学んでいてぶつかりやすい壁も、つまずかないで乗り越えられるように解説する章も加えました。

「実践編」では、決算書の活用方法を、さまざまな部署に分けて解説するとともに、具体的な決算書活用の事例をストーリー仕立てでお届け

3

します。さらに、本書を読んだ後に具体的な行動へ移せるように、決算書の入手方法に加え、株価との関係や社会との関係で、どのように決算書に触れていけばいいのかなどを解説しています。

　決算書が読めるようになっても、仕事に活かせなければ、それは単なる「知識コレクター」です。読めないよりはマシですが、それ以上にもそれ以下にもなれません。
　ぜひ本書を読んで、仕事で決算書を活かせるビジネスパーソンになって下さい。

2020年3月

川口 宏之

Contents

はじめに ……………………………………………………………………………… 3

各章のポイント …………………………………………………………………… 10

第 I 部　基本編

第 1 章　決算書の予備知識

1 ›› 「決算書」とは何か ………………………………………………………… 20

2 ›› どうして決算書は必要なのか ……………………………………… 21
- 決算書は誰のために作るのか　21
- 会社にとって利害関係者とは　22

3 ›› そもそも「決算」とは何か ……………………………………………… 23

4 ›› 決算書を構成するもの ………………………………………………… 24
- 決算書を代表する「財務3表」　24

5 ›› 連結財務諸表と個別財務諸表 ……………………………………… 25
- 「連結」と「個別」で財務諸表を見る際の注意点　25

第 2 章　貸借対照表（B/S）

1 ›› 貸借対照表は何で構成されているのか ………………………… 28
- 貸借対照表（B/S）とは　28
- 貸借対照表に書かれること　29
- 負債と純資産の違い　31

2 ›› 資産、負債、純資産の主な中身 ……………………………………… 32
- 貸借対照表における具体的な項目　32

3 ›› 安全性が高い会社を見分ける ……………………………………… 35
- 安全性の指標となる自己資本比率　35

4 ›› 短期的な視点での安全性のチェック方法 ·················· 37
  ◆向こう1年の安全性を示す流動比率　37
5 ›› 純資産の内訳から自己資本比率の"質"をチェック ··· 38
  ◆純資産の内訳にも注目する　38
  ◆利益剰余金がマイナス＝危険とは限らない　39
6 ›› 自己資本比率が一桁台でも安全な業種 ··················· 40
  ◆金融機関　40
  ◆企業グループで銀行子会社がある場合　41
7 ›› 流動比率の留意点 ·· 43
  ◆売掛金と棚卸資産　43
  ◆流動負債　43
  ◆BtoC ビジネスは流動比率が低い　44
  Column 1 資産を見ればどんな会社か想像がつく ·················· 46

第 3 章 　損益計算書(P/L)

1 ›› 損益計算書は何で構成されているのか ················· 48
  ◆損益計算書 (P/L) とは　48
2 ›› 5種類の利益の性質 ··· 50
  ◆売上高から「売上総利益」を出す　50
  ◆売上総利益から「営業利益」を出す　50
  ◆営業利益から「経常利益」を出す　50
  ◆経常利益から「税金等調整前当期純利益」を出す　51
  ◆税金等調整前当期純利益から「当期純利益」を出す　51
  ◆注目すべきは「営業利益」　51
3 ›› 収益、費用の主な中身 ··· 52
  ◆収益の主な中身　52
  ◆費用の主な中身　53
4 ›› 収益力が高い会社を見分ける ·································· 55
  ◆損益計算書の階段図の活用　55
  Column 2 変動費と固定費 ·· 58

第 **4** 章 キャッシュ・フロー計算書(C/F)

1 ▸▸ キャッシュ・フロー計算書は何で構成されているのか …… 60
- ◆ キャッシュ・フロー計算書 (C/F) とは　60
- ◆ キャッシュ・フローの例　60
- ◆ 本業で儲かったかがわかる「営業 C/F」　62
- ◆ 将来に向けての動きがわかる「投資 C/F」　63
- ◆ お金のやり取りがわかる「財務 C/F」　64
- ◆ 投資 C/F と財務 C/F の中身をチェック　65

2 ▸▸ 3 つの C/F の組み合わせでわかること ……………… 66
- ◆ C/F の代表的なパターン　66

3 ▸▸ フリー・キャッシュ・フロー ………………………… 69
- ◆ キャッシュ・フローの新たな概念　69
- ◆ フリー・キャッシュ・フローの別の効用　71

Column 3　2 種類の営業 C/F ……………………………………… 72

第 **5** 章 会計でつまずかないコツ

1 ▸▸ 財務 3 表同士の関係性 ………………………………… 74
- ◆ 時間軸でみる財務 3 表の関係　74
- ◆ 貸借対照表と損益計算書の関係　76
- ◆ 貸借対照表とキャッシュ・フロー計算書の関係　76

2 ▸▸ 儲かっているのにお金がない?「キャッシュと利益の違い」 … 78
- ◆ 黒字倒産になりかねない「ズレ」　78
- ◆「貸倒れ」による黒字倒産　81
- ◆ もう 1 つの黒字倒産　82

3 ▸▸ 持っているだけで資産が減る?「減価償却」 ………… 83
- ◆ なぜ減価償却が必要なのか　83
- ◆ 貸借対照表から見た減価償却　85
- ◆ 減価償却の留意点　88

4 ▸▸ 損したつもりの「引当金」 …………………………… 89
- ◆ 引当金とは　89
- ◆ 引当金も絶対ではない　90

5 ▸▸ 店先に掛けられていないほうの「のれん」 ………… 91

　　　　◆ 会計上の「のれん」　91
　　　　◆ 「のれん」が計上されるのは M&A のとき　92
　　　　◆ M&A の成否を左右する　93

6 >> **税務と決算書の関係** ··· 95
　　　　◆ 会社にかかる税金の問題　95
　　　　◆ 似て非なる会計と税務　95
　　　　◆ 会計と税務の目的の違い　96
　　　　◆ 費用と損金の違い、収益と益金の違い　97
　　　Column 4　交際費と会議費 ·· 99

第 **II** 部　実践編

第 **6** 章　ビジネス実務で決算書を使う

1 >> **経理部門でなくても決算書は役に立つ** ·················· 102
　　　◆ 「決算書＝簿記＝経理のため」は誤解　102
　　　◆ 決算書は皆が読むためにある　102

2 >> **営業部門の場合** ·· 103
　　　◆ 与信管理という「守り」の営業　103
　　　◆ 顧客を知って立ち回る「攻め」の営業　104

3 >> **購買部門の場合** ·· 105
　　　◆ 細心の配慮を要する価格交渉　105
　　　◆ 価格交渉で決算書を有効活用　105

4 >> **経営企画部門の場合** ·· 106
　　　◆ 決算書から会社や業界を把握する　106
　　　◆ 重大な経営判断の決定や説得の材料として　107

5 >> **人事部門の場合** ·· 107
　　　◆ 人件費と機会損失のはざま　107
　　　◆ 売上に対する収益と費用を計る　108
　　　◆ 人事部門にこそ会計が求められる昨今の事情　109

6 >> **製造部門の場合** ·· 109
　　　◆ 製造部門が避けることのできない売上原価　109
　　　◆ 現場が決算書を読めるからこそできる利益貢献　110
　　　◆ 適切な設備投資を考えられる　111

7 >> 研究開発部門の場合 ――――――――――――――――― 111
　♦ 決算書と無関係ではいられない　111
　♦ 儲けとのつながりが見えないからこそ　112

8 >> IR 部門（広報、総務）の場合 ――――――――――――― 113
　♦ 自社の決算を説明する IR 部門　113
　♦ 投資家ら利害関係者のために　113

第 **7** 章　ケース別の決算書活用術

1 >> 食品素材メーカー営業担当の中村さん ―――――――― 117
2 >> ホームセンター勤務の柳井さん ――――――――――― 125
3 >> システム開発会社で働く浅野さん ―――――――――― 133
4 >> 精密機械メーカー経営企画部の黒田さん ―――――― 143
5 >> 医薬品卸の人事部で働く堀田さん ―――――――――― 155

第 **8** 章　会計スキルを磨く

1 >> 実際の決算書を読んで訓練する ――――――――――― 166
　♦ スキルは使わなければ忘れてしまう　166

2 >> 決算書の入手方法 ―――――――――――――――――― 167
　♦ 決算情報の 3 つの開示制度　167
　♦ 各制度で開示される書類　168
　♦ 開示書類と決算書との関係　171
　♦ 非上場企業の決算情報の入手方法　172

3 >> 決算書と株価を見比べる ―――――――――――――― 175
　♦ BPS（1 株あたり純資産）　175
　♦ EPS（1 株当たり当期純利益）　177

4 >> 社会や世界の動きを追う ―――――――――――――― 179
　♦ 自社が属する業界の企業動向　179
　♦ 顧客企業が属する業界の企業動向　180
　♦ 成長著しい業界の企業動向　180

索引 ―――――――――――――――――――――――――――――――― 181

📖 各章のポイント

第1章　決算書の予備知識

1 「決算書」とは何か

- ◆ 決算書は、会社の経済活動を記録・集計したものである。
- ◆ 決算書を読み解くことができれば、その会社の実態を把握することができる。

2 どうして決算書は必要なのか

- ◆ すべての会社が、決算書を作成・公表する義務を負っている。
- ◆ 決算書は、会社を取り巻く利害関係者に、会社の情報を伝達するツールとしての役割を持っている。

3 そもそも「決算」とは何か

- ◆ 決算とは、一定期間の業績や、保有している財産の明細を明らかにする手続きのことをいう。
- ◆ 会社は1年間のうち、区切りの日である決算日を決めなければならない。
- ◆ 1年間の最初の日を「期首」、1年間の最後の日を「期末」といい、期首から期末までの1年間を「会計期間」という。

4 決算書を構成するもの

- ◆ 決算書は、「貸借対照表」「損益計算書」「キャッシュ・フロー計算書」の3つの書類で構成されている。
- ◆「貸借対照表」はある時点の状態を切り取ったスナップショット、「損益計算書」と「キャッシュ・フロー計算書」は過去1年間の実績を写し取った記録映像といえる。

5 連結財務諸表と個別財務諸表

- ◆ グループ経営を行っている企業集団の親会社だけを見ても、実態は見えてこない。
- ◆ 基本的には、「個別財務諸表」ではなく、「連結財務諸表」を分析対象とする。

第2章　貸借対照表（B/S）

1 貸借対照表は何で構成されているのか

- ◆ 貸借対照表は、「資産」「負債」「純資産」の３つで構成されている。
- ◆ 負債と純資産は「資金の調達源泉」を表し、資産は「資金の運用形態」を表している。
- ◆ 資金の調達源泉に対し、負債は返済義務があり、純資産は返済義務がない。

2 資産、負債、純資産の主な中身

- ◆ 資産は、現金預金及び将来お金が増えるプラスの財産である。
- ◆ 負債は、将来お金が減るマイナスの財産である。
- ◆ 純資産は、資産から負債を差し引いた正味の財産である。
- ◆ 資産は、流動資産と固定資産に分けられる。
- ◆ 負債は、流動負債と固定負債に分けられる。

3 安全性が高い会社を見分ける

- ◆ 財務的な安全性は、純資産の厚みに表れる。
- ◆ 自己資本比率が高いほど安全性が高い会社といえ、30％以上が目安となる。

4 短期的な視点での安全性のチェック方法

- ◆ 短期的な支払い能力は、流動資産と流動負債の大小関係でわかる。
- ◆ 流動比率が高いほど、安全性が高い会社といえ、最低100％は必要。

5 純資産の内訳から自己資本比率の"質"をチェック

- ◆ 資本金及び資本剰余金は株主からの出資で、利益剰余金は過去の利益の累積を意味する。
- ◆ 純資産の大きさがどちらに依存しているのかで、安全性の質が大きく異なる。

6 自己資本比率が一桁台でも安全な業種

- ◆ 金融機関はそのビジネスモデルの特性上、自己資本比率が相対的に低くなる傾向にある。
- ◆ グループ内に銀行子会社を抱える企業も、自己資本比率が低くなる傾向にある。

7 流動比率の留意点

- ◆ 流動負債の中には、支払期日が1年後の債務もあれば、1ヶ月後の債務もある。
- ◆ 売掛金は、回収されずに貸倒れてしまうリスクを持つ資産である。
- ◆ 棚卸資産は、売れ残ってしまうリスクを持つ資産である。

第3章　損益計算書（P/L）

1 損益計算書は何で構成されているのか

- ◆ 損益計算書は「売上高」と「費用」、その差額である「利益」で構成されている。
- ◆ 売上高から段階的に費用が差し引かれることで、5種類の利益が表れる。

2 5種類の利益の性質

- ◆ 売上総利益は、購入代金と販売代金の差（利ザヤ）。
- ◆ 営業利益は、本業での儲け。
- ◆ 経常利益は、本業と財務活動の結果としての儲け。
- ◆ 税金等調整前当期純利益は、臨時突発事象も含めた結果としての儲け。
- ◆ 当期純利益は、儲けに対して課された税金を差し引いて残った最終の利益。
- ◆ 利益の中で最も注目度が高いのは営業利益。また、経営者はトータルの儲けである当期純利益にも注目する。

3 収益、費用の主な中身

- ◆ 収益は、利益を増加させるもので、売上高、営業外収益、特別利益がある。
- ◆ 費用は、利益を減少させるもので、売上原価、販売費及び一般管理費、営業外費用、経常費用、特別損失、法人税等がある。
- ◆ 費用に当たるものの中でも、その性質によって計上される箇所が異なる場合がある。

4 収益力が高い会社を見分ける

- ◆ 売上高と5種類の利益を階段状に並べることで、会社の収益力（稼ぐ力）がわかる。
- ◆ 階段の傾斜が緩やかな会社は収益力が高く、階段の傾斜が急な会社は収益力が弱い。
- ◆ 階段がU字型をえがくような税金等調整前当期純利益が高い会社は、無理やり利益を捻出した可能性があり、注意が必要である。

第4章 キャッシュ・フロー計算書（C/F）

1 キャッシュ・フロー計算書は何で構成されているのか

- ◆ キャッシュ・フロー計算書は、営業活動によるキャッシュ・フロー（営業C/F）、投資活動によるキャッシュ・フロー（投資C/F）、財務活動によるキャッシュ・フロー（財務C/F）の3つで構成されている。
- ◆「営業C/F」は本業での儲けを示し、プラスの場合は本業が好調な会社で、マイナスの場合は本業で苦戦している会社である。
- ◆「投資C/F」は将来に向けての動きを示し、プラスの場合は守りの経営をしている会社で、マイナスの場合は攻めの経営をしている会社である。
- ◆「財務C/F」はお金のやり取りを示し、プラスの場合は導入期・成長期にある会社、マイナスの場合は成熟期・衰退期にある会社である。
- ◆ 投資C/Fと財務C/Fのプラスとマイナスについては、表面的な動きだけではなく、その内訳を注視しないと見誤ることがある。

2 3つのC/Fの組み合わせでわかること

- ◆ 3種類のC/Fについて、そのプラスやマイナスの組み合わせがどうなっているかのかを見ることで、その会社の経営状況を推測することができる。

3 フリー・キャッシュ・フロー

- ◆ フリー・キャッシュ・フローとは、会社が獲得したキャッシュのうち、自由に使うことができるお金のことである。
- ◆ フリー・キャッシュ・フローは投資の健全性を測ることができるが、単年度のみではなく、過去3年程度の幅を持たせて見る必要がある。
- ◆ 自社のフリー・キャッシュ・フローを把握することで、過剰投資に対して一定の歯止めをかけることが可能となる。

第5章　会計でつまずかないコツ

1 財務3表同士の関係性

- ◆ 損益計算書は、期首から期末までの純資産の増減要因を表す。
- ◆ キャッシュ・フロー計算書は、期首から期末までの現金の増減要因を表す。

2 儲かっているのにお金がない？「キャッシュと利益の違い」

- ◆ キャッシュ・フロー計算書はお金の動きに着目した計算書であるのに対し、損益計算書は商品・サービスの動きに着目した計算書である。
- ◆ 売上高と売上原価は同じタイミングで計上されるが、売上代金の受領と仕入代金の支出は別々のタイミングで起こる。
- ◆ 貸倒れや滞留在庫により、損益計算書は黒字でも、資金が足りずに倒産してしまうこともあり得る。

3 持っているだけで資産が減る？「減価償却」

- ◆ 固定資産の購入に要した金額を、その使用期間にわたって費用配分する会計処理を減価償却という。
- ◆ 貸借対照表に固定資産として載っている金額は、遅かれ早かれ必ず将来費用となる。

4 損したつもりの「引当金」

- ◆ 引当金とは、将来、支出や損失の発生が予想され、その発生原因が当期にある場合、当期の負担に相当する金額を前もって費用として計上したもの。
- ◆ 引当金として計上されている金額は、将来、その分の現金支出が予定されている。

5 店先に掛けられていないほうの「のれん」

- ◆ のれんとは、ブランド、ノウハウ、顧客との関係、従業員の能力など、企業が持っている目に見えない価値の総称のことをいう。
- ◆ M&Aによって他社を傘下に入れることで、その買収先企業ののれんが貸借対照表に計上される。
- ◆ のれんは、他の固定資産と同様、費用に振り替わる（償却される）。

6 税金と決算書の関係

- ◆ 会計上の「利益」と税務上の「所得」では、項目の扱いが異なる場合があるため、損益計算書で赤字であっても税金が発生することがある。

第6章　ビジネス実務で決算書を使う

1 経理部門でなくても決算書は役に立つ

- ◆ 簿記は、日々の取引を帳簿に記録することで、その結果を取りまとめたものが決算書である。
- ◆ 決算書を作成するのは経理部門であるが、出来上がった決算書を活用するのは経理部門に限らない。

2 営業部門の場合

- ◆ 顧客企業の決算書を分析することで、自社に貸倒れ損失を発生させないための予防線を張れる。
- ◆ 優良顧客となりそうな企業を、決算書を通じて見分けることができる。

3 購買部門の場合

- ◆ 仕入れ業者との価格交渉の際に、類似企業の決算書を分析することで、どのくらい値下げの余地があるかを把握することができる。

4 経営企画部門の場合

- ◆ どの事業を強化し、どの事業から撤退するかなどの経営上の判断材料として役立つ。
- ◆ M&A を行うか否かの事業シミュレーションに役立つ。

5 人事部門の場合

- ◆ 同業他社の決算書との比較で、適正人員数や適正給与水準の見当がつく。
- ◆ 人員数のダブつきを客観的に察知できる。
- ◆ 中途採用か、既存社員の教育コストに充てるべきかの判断の基礎となる。

6 製造部門の場合

- ◆ 自社のコスト構造が把握でき、原価低減活動の第一歩となる。
- ◆ 設備投資をすべきか否かの判断に役立つ。

7 研究開発部門の場合

- ◆ 売上高に対する研究開発費の割合から、売上に対する貢献度を計ることができ、同業他社との比較によっては研究開発予算の増額要求も可能となる。

8 IR 部門（広報、総務）の場合

- ◆ 投資家からの質問に対し、的確に答えることができる。
- ◆ 投資家視点で自社を客観視することができる。

第7章　ビジネスパーソン別の決算書活用術

1 食品素材メーカーの営業担当の中村さん

- ◆ 得意先から支払期限の延期を依頼されたら、慎重に対応しなければならない。
- ◆ 財務的な安全性は損益計算書の売上高や利益だけでは判断できず、他の財務3表とも見比べて分析する必要がある。

2 ホームセンター勤務の柳井さん

- ◆ 在庫は損失の先送りをする道具として使われる場合がある。
- ◆ 不良在庫に関して見直しを行うことで、経営実態を正確に把握できるようになり、適切な戦略が行えるようになる。

3 システム開発会社で働く浅野さん

- ◆ 決算書を事前に分析することで、クライアント企業の課題を把握し、コンペで優位に立つことができる。

4 精密機器メーカー経営企画部の黒田さん

- ◆ 固定費と変動費の仕組みを理解することで、適切な販売価格の設定やコストダウンを図ることができる。
- ◆ 減価償却における耐用年数は、明確な根拠があれば途中で変更する工夫ができる。

5 医薬品卸の人事部で働く堀田さん

- ◆ 同業他社や異業種とも決算書を見比べることで、自社や業界の特殊性に気づくことができる。
- ◆ 全社的な会計スキルの向上は、売上や利益について社内で共通認識を持たせやすくなり、他のビジネススキルにも好影響をもたらしやすい。

第8章　会計スキルを磨く

1 実際の決算書を読んで訓練する

◆ 自分に関係のある会社や興味のある会社の決算書を入手し、どんどん分析してみることで、決算書の知識が定着する。

2 決算書の入手方法

◆ 上場企業の場合、金融商品取引法（有価証券報告書、四半期報告書）、証券取引所（決算短信、四半期決算短信）、会社法（計算書類）に基づいた決算書が入手できる。

◆ それぞれの決算書は、開示の範囲や開示のタイミングなどが異なるため、違いを理解した上で使い分ける。

◆ 非上場企業の場合、計算書類又は決算公告で決算書が入手できる。

◆ 決算公告は、官報、日刊新聞、電子公告のいずれかの媒体で掲載されている。どの媒体に掲載されているかは、その会社の商業登記簿を見ればわかる。

3 決算書と株価を見比べる

◆ BPS（1株当たり純資産）やEPS（1株当たり当期純利益）から、その会社に現時点でどれほどの価値があるかがわかる。

◆ PBR（株価純資産倍率）やPER（株価収益率）から、その会社がマーケット（投資家）からどのくらい期待されているかがわかる。

4 社会や世界の動きを追う

◆ 自分の会社が属する業界のトップ企業の決算書を追ってみる。

◆ 顧客企業が属する業界の動向をチェックする。

◆ 業績が好調な企業の決算書を分析し、勝ちパターンを把握する。

第Ⅰ部

基本編

第 **1** 章

決算書の予備知識

●決算書というと、経理部門を除く多くのビジネスパーソンにとっ
て、縁遠いものと思われるかもしれません。しかし決算書の性質を
知れば、実は大部分のビジネスパーソンが決算書の数字に関わって
いることがわかってきます。

●裏を返せば、決算書の数字からは、会社に関わるビジネスパーソ
ンたちの動きを知ることもできます。本章では、なぜ決算書から会
社の実態が読み取れるのかをまず解説していきます。

1 ›› 「決算書」とは何か

　決算書は**財務諸表**と呼ぶ場合もありますが、さまざまな定義の仕方が
あります。本書は会計の入門者向けなので最も端的な言葉でお伝えしま
すと、**決算書とは、「会社の経済活動を記録・集計したもの」**です。

　「会社の経済活動って何？」と思うかもしれませんね。「会社の経済活

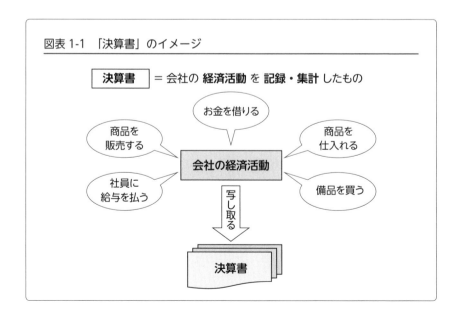

図表 1-1　「決算書」のイメージ

決算書 ＝ 会社の **経済活動** を **記録・集計** したもの

お金を借りる

商品を
販売する

商品を
仕入れる

会社の経済活動

社員に
給与を払う

備品を買う

写し取る

決算書

動」とは、会社が行うお金やモノ、サービスのやりとりすべてのことです。銀行からお金を借りたり、備品や消耗品を買ったり、商品を仕入れたり、それを顧客に販売したり、社員に給与を払ったり等々、本当にたくさんの経済活動があります。これら経済活動を「記録・集計」したもの、すなわち、数字として写し取った結果が決算書なのです（図表1-1）。

「会社の経済活動」と「決算書」はイコールの関係なので、逆に言えば、「記録・集計」の結果である**「決算書」を読み解くことで、その会社がどのような経済活動を行ってきたのかが見えてきます**。

もちろん「100%全部見える」とは言い切れませんが、決算書を読み解くことでかなりのことが見えてきます。決算書は、情報の宝庫なのです。

ビジネスは情報戦と言っても過言ではありません。しかし、どんなに貴重な情報を手にしたとしても、読めなければ宝の持ち腐れです。手にした情報を武器にして、ビジネスの現場でサバイブできるビジネスパーソンになりましょう。

2» どうして決算書は必要なのか

◆ 決算書は誰のために作るのか

決算書を作成するのはとても大変です。企業は経理部員を何人も（あるいは何十人も）雇って、決算書の作成に従事させています。つまり、決算書の作成に、膨大なお金と時間をかけているわけです。

「そんなに大変なら作らなくてもよいのでは？」と思う方もいるかもしれません。しかし、決算書には重要な役割があるため、すべての企業に作成が義務づけられています。大企業や上場企業に限らず、（作成範囲は異なりますが）中小・零細企業も同様です。

その役割とは何か？　それは**「利害関係者（ステークホルダー）に会社の実態を正確に伝達する」**というものです

◆ 会社にとって利害関係者とは

　ここでさらに「利害関係者って何？」と疑問に思った方もいるでしょう。**「利害関係者」とは、「その会社の行動に影響を受ける人たち」**とざっくり理解しておけば問題ありません。たとえば、その会社がビジネスを行うために必要な運転資金を提供してくれる株主や銀行、ビジネスの当事者である経営者や従業員、取引相手となる顧客、あるいは取引はないものの業務上関わることになる税務当局や地域社会など、実にさまざまな方々が挙げられます。利害関係者の存在なくして、会社として存続できないことに異論はないと思います。

　彼ら**利害関係者は、会社に対してさまざまな疑問や不安を抱えている**のが普通です。株主であれば「今年はどのくらい配当金をもらえるのだろう？　株価は今後上がるのだろうか？」、銀行であれば「融資したお金、ちゃんと返してくれるかな？」、税務当局であれば「税金を正しく計算しているか？」、取引先であれば「この会社と取引して大丈夫かな？」などです。また経営者自身も「経営を一生懸命しているけれども、どこをどう改善すればもっと業績がよくなるだろうか？」「同業他社と比べ、うちの会社はどこが優れていてどこが劣っているのだろうか？」など、挙げていけばキリがないほどの不安を抱えています。

　会社が利害関係者1人ひとりに「こんなに売上伸びていますよ」「こんなにたくさん財産持っていますよ」などと会社の状況を直接説明して回ってもよいですが、利害関係者は先ほど挙げたように大勢いるので現実的に難しいですよね。大企業であれば、利害関係者はそれこそ何千、何万という人数になります。

　そこで登場するのが「決算書」です。この**決算書を利害関係者に配布し、読んでもらう**のです（近年は紙面による配布よりも、Web上での公開が一般的です）。

　前述した通り、決算書は会社の経済活動を記録・集計したものです。そのため、利害関係者は決算書を読むことで、「こんなに儲かっている

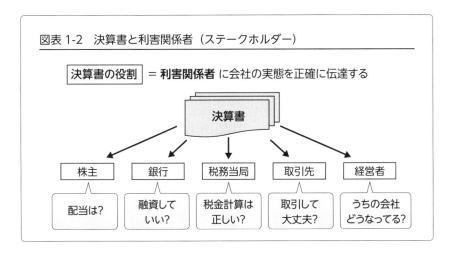

図表 1-2　決算書と利害関係者（ステークホルダー）

決算書の役割 ＝ 利害関係者 に会社の実態を正確に伝達する

決算書

株主	銀行	税務当局	取引先	経営者
配当は？	融資していい？	税金計算は正しい？	取引して大丈夫？	うちの会社どうなってる？

なら配当金も増えそうだな」とか「当面、倒産することはなさそうだな」というように、会社に対する疑問や不安を解消することができます。

　このように、**決算書は利害関係者へ会社の情報を伝達するツールという重要な役割があるため、作成する必要がある**のです（図表 1-2）。

3 » そもそも「決算」とは何か

　「決算書」は、「決算」の「書類」が合わさった言葉です。そして**「決算」とは、一定期間の業績や、保有している財産の明細を明らかにする手続き**のことです。

　会社はあらかじめ、「区切りの日」である「決算日」を決めなければなりません。そして、区切りである決算日までの 1 年間の経営成績などを決算書にまとめて公表します。これが決算の仕組みで、すべての企業に義務づけられています。この仕組みのおかげで、利害関係者は 1 年ごとに会社の実態を知ることができるというわけです。

　なお、1 年間の最初の日を**「期首」**、1 年間の最後の日を**「期末」**といい、期首から期末までの 1 年間を**「会計期間」**といいます（図表 1-3）。

図表 1-3　決算の期間

「決算日」

期首

期末

会計期間

4 ›› 決算書を構成するもの

◆ 決算書を代表する「財務3表」

　決算書の中身についてみていきましょう。決算書はどのようなもので構成されているのでしょうか。

　決算書は主に3つの書類、「**貸借対照表**」「**損益計算書**」「**キャッシュ・フロー計算書**」で構成されています（図表1-4）。この3つを合わせて「**財**

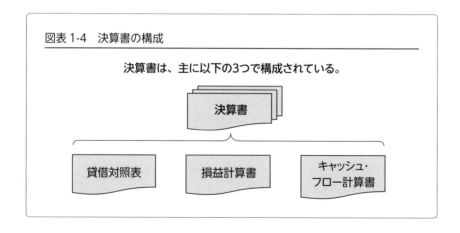

図表 1-4　決算書の構成

決算書は、主に以下の3つで構成されている。

決算書

貸借対照表

損益計算書

キャッシュ・フロー計算書

務3表」とも呼びます。

　1つ目の「貸借対照表」は、期末時点（たとえば3月決算の会社であれば、3月31日時点）の財政状態（どのくらい財産を持っていて、どのくらい債務を負っているのか。第2章参照）を一覧化したものです。

　次に「損益計算書」。これは会計期間（たとえば3月決算の会社であれば、4月1日から翌年の3月31日までの1年間）における経営成績（どのくらい売上を獲得し、どのくらいコストを使い、どのくらい儲かったのか。第3章参照）を表したものです。

　そして「キャッシュ・フロー計算書」は、会計期間における現金の動き（現金がどのくらい会社から流出・流入したのか。第4章参照）を要因別に表したものです。

　つまり、**「貸借対照表」はある時点の状態を切り取ったスナップショット**のようなもので、**「損益計算書」と「キャッシュ・フロー計算書」は過去1年間の実績を写し取った記録映像のようなもの**です。

図表 1-5　財務3表の概要

名　称	概　要
貸借対照表 (Balance Sheet・B/S)	・企業の **期末時点** における **財政状態** を表す。
損益計算書 (Profit and Loss statement・P/L)	・企業の **会計期間** の **経営成績** を表す。
キャッシュ・フロー計算書 (Cash Flow statement・C/F)	・企業の **会計期間** の **現金の出入り** を表す。

5 ≫ 連結財務諸表と個別財務諸表

◆　「連結」と「個別」で財務諸表を見る際の注意点

　決算書には、会社の形態や見せる利害関係者に合わせて、「**連結財務**

諸表」と「**個別財務諸表**」の2種類があります。

　個別財務諸表とは、1つの法人を対象とした財務諸表のことをいいます。これに対して連結財務諸表とは、企業グループ全体の財務諸表のことをいいます。

　昨今の上場企業で、「○○ホールディングス」という名前がついた会社を目にすることも多いと思います。こうした会社は純粋持株会社とも呼ばれ、親会社は自ら製造や販売などの事業を持ちません。親会社は、製造子会社や販売子会社などの株式保有を通じて、事業を支配することを目的とする持株会社であり、収益源は、子会社からの受取配当金や子会社に対する経営指導料などに限られます。

　このようなケースでは、親会社のみの個別財務諸表を見ても、会社の実態は何もわかりません。そこで、グループ経営を行っているのであれば、グループ全体を対象とした連結財務諸表を見ることで、経営の実態が初めてわかるのです。

　今や、上場企業のほとんどが子会社を抱えるグループ経営をしています。純粋持株会社ではなくても、子会社と一体となってグループ経営しているのであれば、連結財務諸表を使って企業分析するのが一般的です。個別財務諸表は、あくまでその補足情報という位置づけとなります。もちろん、子会社を抱えていない会社は個別財務諸表しかありませんので、個別財務諸表を使って企業分析します。

　なお、連結財務諸表を構成する財務3表は、連結貸借対照表、連結損益計算書、連結キャッシュ・フロー計算書と呼ばれ、個別財務諸表を構成する財務3表は、個別貸借対照表、個別損益計算書、個別キャッシュ・フロー計算書と呼ばれます。個別のことを「単体」ということもあります。

　本書では断りのない限り、連結と個別（単体）双方の財務諸表がある会社の場合は、連結財務諸表を前提に説明します。

第 **2** 章

貸借対照表 (B/S)

●決算書を代表するものとして「財務3表」があります。そのうち、会社が持っている財産や負っている債務などの構成を示すものとして「貸借対照表」があります。

●貸借対照表を構成するカテゴリーは3つありますが、そのカテゴリーに当てはまる数字を左右に分けて並べると、左右それぞれの合計が等しくなることから「バランス・シート（B/S）」とも呼ばれます。

●貸借対照表からは、会社がビジネス活動を行う上での土台がどのようになっているのかがわかるため、その会社の安全性や安定感が読み取れます。

1 >> 貸借対照表は何で構成されているのか

◆ 貸借対照表（B/S）とは

　貸借対照表は、会社がどのような財産をどのくらい持っているのか、債務をどのくらい負っているのか、そして正味の財産はいくらなのかを表す一覧表です。一見すると数字の羅列のように感じるかもしれませんが、ボックス図化すると、あるポイントが見えてきます。そのポイントとは、貸借対照表が大きく3つのカテゴリーに分かれるということです。具体的には、**「資産」「負債」「純資産」**に分かれ、これを図に置き換えると、図表2-1のようになります。図にするときは、**「資産の部」**を左側に、**「負債の部」**と**「純資産の部」**を右側に置きます。

　資産の部では「資産合計」の金額、負債の部では「負債合計」の金額、純資産の部では「純資産合計」の金額を拾って、それぞれの金額の大小と対応するサイズのボックス図にします。

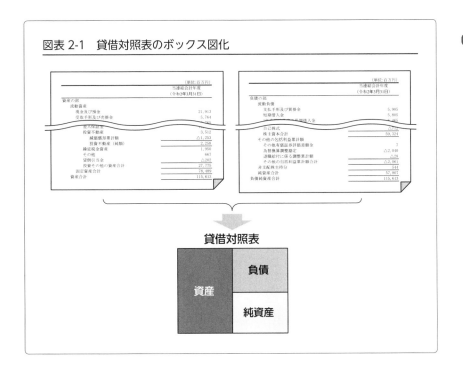

図表 2-1 貸借対照表のボックス図化

◆ 貸借対照表に書かれること

　まずは、ボックス図にした貸借対照表の右上にある「負債」カテゴリーから見ていきましょう。負債とは、主に銀行などからの借り入れです。たとえば銀行から 2,000 万円借りたら、負債の箇所に「借入金 2,000 万円」と記載されます。

　次に右下にある「純資産」カテゴリーですが、純資産は主に、株主からの出資で構成されています。たとえば株主から 3,000 万円出資してもらったら、純資産の箇所に「資本金 3,000 万円」と記載されます（図表2-2）。

　今度はボックス図にした貸借対照表の左側、「資産」カテゴリーを見てみましょう。資産は、銀行や株主から集めた資金を何に使っているのかを表しています（図表 2-3）。

先ほどの例でいうと、今は銀行から 2,000 万円、株主から 3,000 万円、合わせて 5,000 万円の資金を集めた状態です。仮に、なんにも使わずに

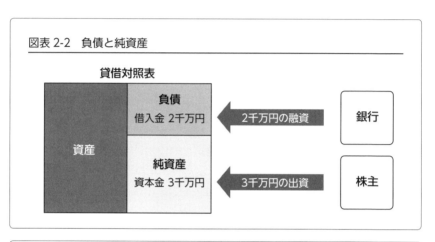

図表 2-2　負債と純資産

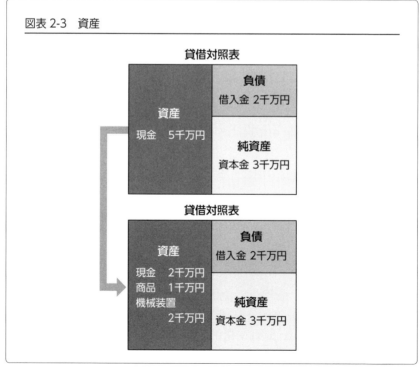

図表 2-3　資産

金庫に5,000万円を保管しておくとしたら、資産に「現金5,000万円」と記載されます。しかし当然ながら、集めた資金を眠らせておいてはビジネスが始まりませんので、製造用の設備を買ったり、販売用の商品を仕入れたり、さまざまな資産に投資します。その結果、商品1,000万円、機械装置2,000万円、現金2,000万円というように、「現金」からさまざまな種類の「資産」に変わっていきます。こうした変化の結果、期末時点ではどのような形態になっているのかが、資産の箇所に書かれているのです。

　銀行や株主から借りたお金はすべて資産となるため、「負債」と「純資産」の合計（負債純資産合計）は、必ず「資産合計」と同額になります。

◆ 負債と純資産の違い

　一般的に、**負債と純資産は「資金の調達源泉」を表し、資産は「資金の運用形態」を表している**といわれます。そして先ほど説明したように、負債と純資産の合計金額は、資産総額と必ず一致するようにできています。

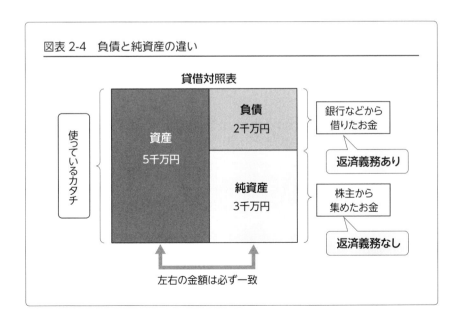

図表 2-4　負債と純資産の違い

それでは、同じ「資金の調達源泉」であるにもかかわらず負債と純資産とで分けているのはなぜでしょう？　それは、両者に重要な性質の違い、すなわち返済義務の有無があるからです。**負債は返済義務があるのに対し、純資産は返済義務がありません**。この違いがあるため、負債と純資産は明確に分けて表さなければならないのです。逆に言えば、分けるからこそ見えてくる企業の実態が読み取れるようになるのです（図表2-4）。

2 » 資産、負債、純資産の主な中身

◆ 貸借対照表における具体的な項目

①資産

「資産」とは、現金預金と将来お金が増えるプラスの財産であり、会社が持っている財産や、会社が利益を得るために利用できる権利などをいいます。代表的なものとしては、受取手形、有価証券、商品、建物や機械装置、工具器具備品、車両運搬具などがあります。

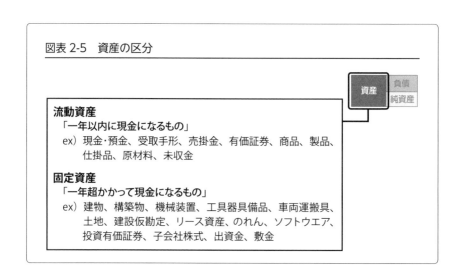

図表 2-5　資産の区分

流動資産
「一年以内に現金になるもの」
　ex）現金・預金、受取手形、売掛金、有価証券、商品、製品、
　　　仕掛品、原材料、未収金

固定資産
「一年超かかって現金になるもの」
　ex）建物、構築物、機械装置、工具器具備品、車両運搬具、
　　　土地、建設仮勘定、リース資産、のれん、ソフトウエア、
　　　投資有価証券、子会社株式、出資金、敷金

　ここで押さえておきたいのが、「流動資産」と「固定資産」の区分です。資産を細分化すると、**1年以内に現金化されることが予定されている流動資産**と、**現金化されることが1年を超える固定資産**に分けられます。

　たとえば、会社が在庫として保有する「商品」は、通常1年以内に販売されて現金が手に入ります。また販売代金の未回収金である「売掛金」も、通常は1年以内に現金として回収されるものです。そのため流動資産に区分されます。一方で、建物や機械装置などは、購入して1年以内に売却することはまずないでしょう。これらは、会社が使用することで収益を生み出し現金化されるものなので、固定資産に区分されます（図表2-5）。

②負債

　「負債」とは、**将来お金が減るマイナスの財産**であり、返済義務のある借金や支払い義務のある債務のことをいいます。負債には銀行からの借入金、業者に対する未払金や買掛金、未払いの法人税等があります。

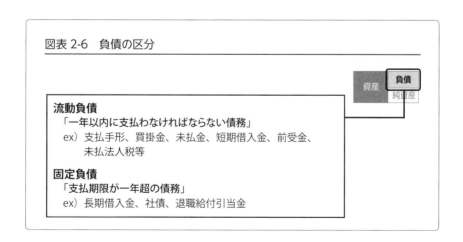

図表 2-6　負債の区分

流動負債
「一年以内に支払わなければならない債務」
　ex）支払手形、買掛金、未払金、短期借入金、前受金、
　　　未払法人税等

固定負債
「支払期限が一年超の債務」
　ex）長期借入金、社債、退職給付引当金

　資産と同様に、負債も「流動負債」と「固定負債」に細分化されます。**流動負債は1年以内に支払わなければならない債務**で、**固定負債は支**

払時期が1年を超える債務です。資産と同様に、基本的に1年以内か1年を超えるかで区分けされます。したがって、同じ借入金でも返済期日が1年以内のものは流動負債に区分されますし、逆に、返済期日が1年を超えるものは固定負債に区分されます（図表2-6）。

③純資産
「純資産」とは、**プラスの財産である資産からマイナスの財産である負債を差し引いた、会社に帰属する正味の財産のこと**をいいます。具体的には資本金、資本剰余金、利益剰余金などがあります。

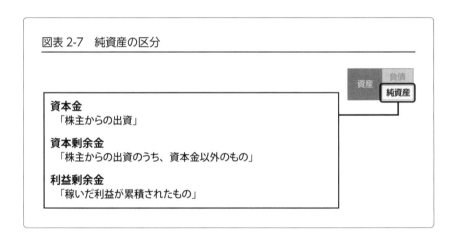

図表 2-7　純資産の区分

資本金
「株主からの出資」

資本剰余金
「株主からの出資のうち、資本金以外のもの」

利益剰余金
「稼いだ利益が累積されたもの」

　資本金と資本剰余金は、どちらも株主からの出資を表すものですが、利益剰余金は自社で稼いだ利益が累積された結果であるため、性質が大きく異なります（図表2-7）。

3 ≫ 安全性が高い会社を見分ける

◆ 安全性の指標となる自己資本比率

　ここで、貸借対照表をボックス図にした図表2-8の2社を見てください。

　資産規模としては右の会社のほうがやや大きいですね。しかし、たくさんの資産を持っているからといって、会社の倒産リスクが低いなどの安全性が高いわけではありません。**安全性を見るうえで注目すべきは、貸借対照表の右側にある資金の調達源泉の構成比**です。左の会社は純資産のほうが負債よりもはるかに大きく、逆に右の会社は負債のほうがはるかに大きいですね。

　ここで、負債と純資産の性質を思い出してください。負債は返済義務があるもの、純資産は返済義務がないものでしたね。

　つまり、左の会社の資金の大部分は、返済義務のない純資産で調達できているのに対し、右の会社の資金の大部分は、返済義務がある負債で調達している、というのが現状なのです。

　返済義務が多額であればあるほど、返済しきれずに倒産する可能性が大きいため、この点で左の会社のほうが安全性は高いといえます。

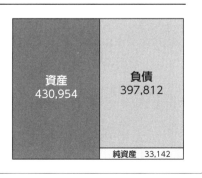

図表 2-8　貸借対照表の比較例

負債	93,631
資産 346,921	純資産 253,289
資産 430,954	負債 397,812
	純資産 33,142

このようにボックス図にした貸借対照表は、実は代表的な経営指標である「自己資本比率」を視覚化したものなのです（図表 2-9）。

　自己資本比率は、自社がどのくらい借金をしないで経営できているか
を表す指標であり、以下の計算式で算出します。

$$自己資本比率＝純資産÷資産$$

　この比率が高いほど、会社の資本的な安全性が高いことを示しています。一般的に、**30％以上であれば安全性が高い**といわれています。

　したがって、ボックス図にしたときに、純資産の厚みが厚ければ安全性が高い会社で、純資産の厚みが薄ければ安全性が低い会社だということを、視覚的に見分けることが可能です（厳密には、分子の金額は純資産から新株予約権と非支配株主持分を差し引くのですが、この２つの金額は多額になることは通常ないため、簡便的に純資産のみを分子としても、算出結果に大きなズレはないでしょう）。

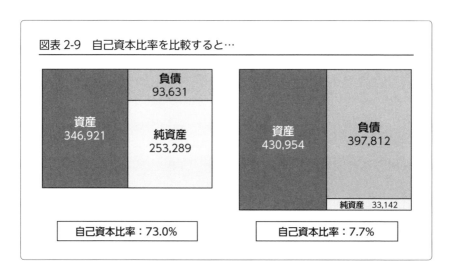

図表 2-9　自己資本比率を比較すると…

| 負債 93,631 |
| 資産 346,921 |
| 純資産 253,289 |

自己資本比率：73.0％

| 資産 430,954 |
| 負債 397,812 |
| 純資産 33,142 |

自己資本比率：7.7％

4 >> 短期的な視点での安全性のチェック方法

◆ 向こう1年の安全性を示す流動比率

次に、「短期的な支払い能力」という別の切り口で安全性を確認する
方法を説明します。

図表 2-10 は 2 社の貸借対照表のボックス図のうち、「資産」と「負債」
をそれぞれ「流動」と「固定」で区切ったうえで、流動資産と流動負債
のみに着目した図となります。

流動資産と流動負債の性質を思い出してください。流動資産は 1 年以
内に現金化される資産で、流動負債は 1 年以内に支払わなければならな
い債務でしたね。

そのことを頭に入れつつ 2 社を見比べると、左の会社は流動資産が流
動負債よりもはるかに大きいので、向こう 1 年間で支払う必要があるお
金を余裕で賄うことができます。

では、右の会社はどうでしょう？　流動資産よりも流動負債、つまり、

図表 2-10　流動比率を比較すると…

流動資産
148,340

流動負債　57,532

流動比率：257.8%

流動資産
318,986

流動負債
340,697

流動比率：93.6%

1年以内に現金化されるお金よりも、1年以内に支払わなければならないお金のほうが大きいのです。

　この図は、経営指標の「流動比率」を視覚化したものです。流動比率とは以下の計算式で算出します。

$$流動比率 = 流動資産 ÷ 流動負債$$

　この比率は、流動資産が流動負債に対してどのくらいあるかを示す割合なので、**最低でも100%が必要**であるといえます。つまり、流動資産が流動負債を上回っていれば100%を超えるので、図にして大きさを見比べれば一目瞭然です。

5 ≫純資産の内訳から自己資本比率の"質"をチェック

◆ 純資産の内訳にも注目する

　図表2-11の図は、ある2社の貸借対照表のボックス図です。

　資産、負債、純資産の金額は2社とも同額です。ということは自己資本比率も同じなので、両社に安全性の違いはないのでしょうか？

　こうしたケースでは、「純資産の内訳」まで踏み込んで読み解くと、両社の特徴が明確に浮かび上がります。「純資産」で説明した「資本金及び資本剰余金」と「利益剰余金」の違いを思い出してください。資本金と資本剰余金は株主からの出資で、利益剰余金は自社で稼いだ利益の累積でしたね。

　この違いを頭に入れたうえで2社の純資産の内訳を見てみましょう。

　A社は利益剰余金が多額にあります。つまり、過去から利益を稼いできた実績があるということです。逆にB社は利益剰余金がマイナスであり、過去に損失を出したことが見てとれます。

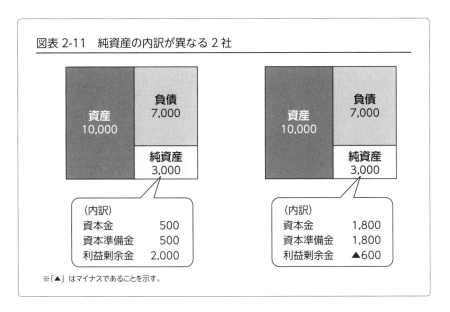

図表 2-11　純資産の内訳が異なる 2 社

※「▲」はマイナスであることを示す。

　「利益剰余金がマイナス」とはどういうことでしょうか？　たとえば、第 1 期で純損失を 200 万円出したら、第 1 期末の利益剰余金は▲ 200 万円となり、第 2 期でさらに純損失を 400 万円出したら、利益剰余金に▲ 400 万円が加わって第 2 期末の利益剰余金が▲ 600 万円となります（もしこのあと第 3 期で純利益 1000 万円出したら、第 3 期末の利益剰余金は＋ 400 万円となるわけです）。

　これらの実績を考慮すれば、A 社は今後も稼ぎ続けることが想定でき、安全性は A 社のほうが高いという結論になります。

◆ 利益剰余金がマイナス＝危険とは限らない

　では、B 社はダメかというと、実はそうとも限りません。B 社が創業間もないベンチャー企業で、まだ事業が軌道に乗っていない場合があるからです。そんな会社が多額の資本金や資本剰余金を有しているということは、外部株主から将来性を見込まれて出資してもらっているという証拠ともいえます（図表 2-12）。最近では、家計簿アプリ等を手がけるフィ

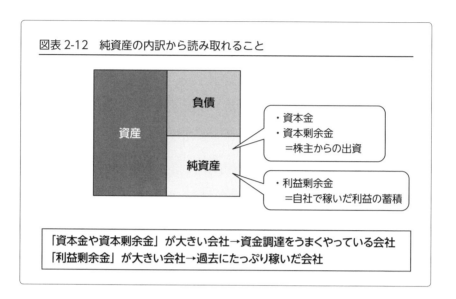

図表 2-12　純資産の内訳から読み取れること

負債

資産

純資産

・資本金
・資本剰余金
　＝株主からの出資

・利益剰余金
　＝自社で稼いだ利益の蓄積

「資本金や資本剰余金」が大きい会社→資金調達をうまくやっている会社
「利益剰余金」が大きい会社→過去にたっぷり稼いだ会社

ンテックのマネーフォワードやネットフリマのメルカリがこれに該当します。どちらも利益剰余金がマイナスのまま上場を果たしました。

　しかし、B社が社長＝株主というオーナー企業の場合は要注意です。マイナスとなった利益剰余金を、社長が追加の出資をして資本金や資本剰余金を増やすことで補填している構図が想像されるからです。

　社長が追加出資をして穴埋めをしている場合は、社長の資金が底をついたらおしまいです。

6 »» 自己資本比率が一桁台でも安全な業種

◆ 金融機関

　安全性の目安は自己資本比率30％ということをすでにお伝えしましたが、ある業種に限ってはこの一般論があてはまりません。その業種とは、銀行などの金融機関です。

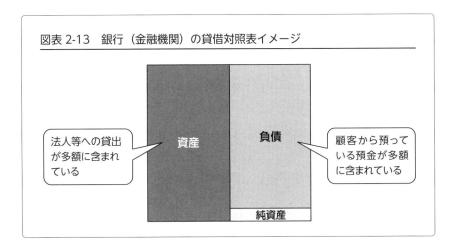

図表 2-13 銀行（金融機関）の貸借対照表イメージ

法人等への貸出が多額に含まれている

顧客から預っている預金が多額に含まれている

資産

負債

純資産

　銀行の自己資本比率は一桁台ばかりです。メガバンクと呼ばれる大手3行（三菱 UFJ フィナンシャル・グループ、三井住友フィナンシャルグループ、みずほフィナンシャルグループ）の自己資本比率を単純計算すると、10％足らずなのです。では倒産寸前の危険な状態なのかというと、そうではありません。

　銀行は、個人や企業から多額の資金を預金という名目で預かり、これを個人に対する住宅購入資金や企業に対する事業資金などの目的で貸し付けます。ここから生じる預金利息と貸付利息の差額が儲けとなるのが銀行のビジネスです。巨額の預金を集めて、巨額の貸付けをすることで、儲けを増やしていくのが銀行です。そのため、図表 2-13 のように、資産と負債が両膨らみになるのが一般的です。これは銀行のビジネスモデル上、必然なのです。

◆ 企業グループで銀行子会社がある場合

　最近は、事業会社がグループ傘下に銀行子会社を抱えるケースが増えてきました。流通業のイオンやセブン＆アイホールディングスが、イオン銀行、セブン銀行をそれぞれ子会社として持っています。そのほか、製造業のソニーもソニー銀行、IT の楽天も楽天銀行など、異業種が銀

行業に参入する事例が増えています。

　このような、銀行子会社を持つ企業グループの安全性をチェックする際には注意が必要です。グループ経営の分析で使われるのは連結貸借対照表なので、グループ内のさまざまな業種が合算されています。その中に銀行業があれば、全体の資産・負債を膨らむことになり、結果として自己資本比率は低くなる傾向にあるからです（図表2-14）。

　たとえば、イオンは10.9％（2019年2月末時点）、ソニーは17.9％（2019年3月末時点）という自己資本比率です。出てきた数字だけで判断すると、どちらも安全性が低いという結論になってしまいます。しかし、銀行子会社が含まれているので、低くて当然です。その分、割り増して考えなければなりません。

　このように、**会社を分析する際には、単に結果だけで判断するのではなく、その会社のビジネスモデルに思いを巡らせることも肝要**です。

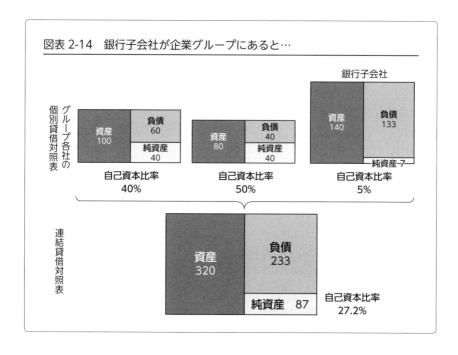

図表2-14　銀行子会社が企業グループにあると…

7 ›› 流動比率の留意点

◆ 売掛金と棚卸資産

すでにお伝えした通り、流動比率が100％以上であれば、短期的な支払い能力の面では問題ないといえます。しかし、流動資産の中にはさまざまなリスクが含まれているので注意が必要です。代表的なものが、売掛金と棚卸資産です。

売掛金は、未回収の売上代金です。期日が来れば振り込まれるのが通常です。しかし、取引途中で販売先が経営破綻してしまったらどうでしょう。その販売先に対する売掛金は回収できないことになります（これを、「**貸倒れリスク**」といいます）。また、**棚卸資産は、販売用の商品や製品などのこと**をいいます。これらは無事販売できればいいですが、販売不振で売れ残ってしまえば、やがて廃棄されることもあります（これを、「**在庫リスク**」といいます）。

◆ 流動負債

他方で、流動負債についても注意が必要です。流動負債は、1年以内に支払わなければならない債務のことを指しますが、その中には決算日の翌月に支払期日が来る債務もあれば、12ヶ月後に支払期日が来る債務もあります。当然、**期日が早い債務だらけだったら、支払いが間に合わない**というおそれもあります。

このように、たとえ流動比率が100％以上でも安心してはならないケースがあることに留意しましょう（図表2-15）。

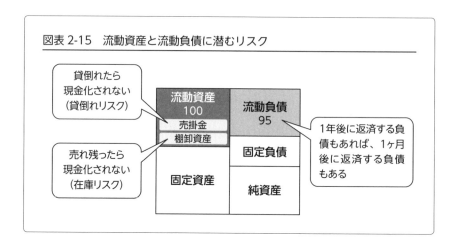

図表 2-15　流動資産と流動負債に潜むリスク

貸倒れたら
現金化されない
（貸倒れリスク）

流動資産
100

売掛金

棚卸資産

流動負債
95

1年後に返済する負
債もあれば、1ヶ月
後に返済する負債
もある

固定負債

固定資産

純資産

売れ残ったら
現金化されない
（在庫リスク）

♦ BtoCビジネスは流動比率が低い

　逆に、業種によっては100％を下回っていてもそれほど心配する必要
がない場合もあります。その業種とは、小売業や飲食業などのBtoCビ
ジネスの企業です。

　皆さんがコンビニや飲食店などで代金を支払うときは、現金で支払う
ことが比較的多いかと思います。このように、売り先が個人の場合は、
売ったらすぐに現金が手に入りやすいため、売掛金はほとんど計上され
ません。

　他方で、仕入れ業者への支払いは、翌月とか翌々月にまとめて支払う
ので、買掛金は普通に計上されます。売り先が企業のBtoBビジネスの
場合は、翌月や翌々月にまとめて振り込まれるのが一般的なので、そう
考えると、BtoCビジネスは資金繰りに困りにくい業種といえます。

　ここまで聞いて、「BtoCビジネスは現金が直接入るから、売掛金の代
わりに現金が増えるだけで、流動資産全体としては他のビジネスと変わ
らないじゃないか？」と思う人もいるかもしれません。しかし、手にし
た現金はすぐに別の資産に再投資できます。言い方を変えれば、**BtoC
ビジネスの場合、流動資産は回転が早く、流動負債は回転がゆっくりな**

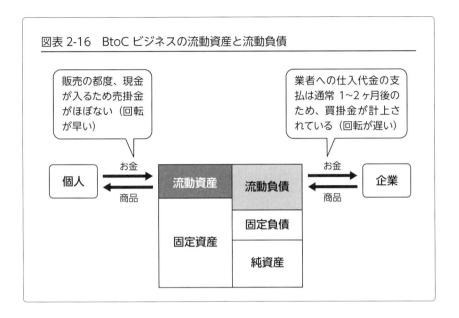

図表 2-16 BtoC ビジネスの流動資産と流動負債

販売の都度、現金が入るため売掛金がほぼない（回転が早い）

業者への仕入代金の支払は通常 1〜2ヶ月後のため、買掛金が計上されている（回転が遅い）

個人　お金　商品

流動資産　流動負債

固定資産　固定負債

純資産

お金　商品　企業

ので、**流動資産は相対的に小さくなります**（図表 2-16）。たとえば、コンビニ大手のローソンは流動比率が100％を下回っている状態が続いていますが、業種柄として、それは特段問題視されないのです（ただし、最近は小売店などでも、電子マネー決済や QR コード決済などのキャッシュレス化が広まっているので、BtoCビジネス企業でも、今後は売掛金が増えていくかもしれません）。

資産を見ればどんな会社か想像がつく

　貸借対照表の「負債」と「純資産」は、どのような手段で資金調達を行っているかという「財務戦略」を映し出すものです。そのため、業種による違いはそれほど顕著に表れません。

　逆に「資産」は、調達してきた資金をどんなものに使っているのかを映し出すので、業種による違いが顕著に表れます。そのため、「資産」の内訳を見れば、その会社がどんな業種かがおおむね想像がつきます。

①売掛金

　売掛金の金額が多額の会社は、販売代金の回収が長期にわたっていることの表れです。そのため、業界慣習的に売掛金の回収期間が比較的長い、建設業や製造業、卸売業などが該当します。逆に売掛金の金額が少額の会社は、販売代金の回収が短期ということを意味しているため、飲食業や小売業などの現金商売が基本となる業種が該当します。

②棚卸資産

　棚卸資産の有無は、商品や製品、原材料などの保有の有無なので、そもそも在庫を抱えないサービス業などは、棚卸資産はほぼゼロのはずです。逆に、製品の製造期間が比較的長期にわたる業種の場合は、棚卸資産が大きくなる傾向にあります。

　典型的なのは不動産デベロッパーです。土地を仕入れてから、着工、完成、引き渡しまでのトータルの期間が非常に長いので、棚卸資産が多額に計上されています。

③固定資産

　建物、機械、土地など固定資産の割合が高い会社は、多額の設備投資が必要な、重厚長大の製造業や鉄道業、ホテル業などが該当します。逆に、多額の設備投資が不要なサービス業、特に人材紹介業や人材派遣業は、固定資産の金額が比較的少ないはずです。

　ただし、取引先との関係強化目的や単なる資産運用目的としての株式投資で、固定資産が膨んでいる場合もあります。これらは投資有価証券という勘定科目で計上されており、業種とは無関係です。したがって、固定資産については、その内訳も見た方がいいでしょう。

第 3 章

損益計算書 (P/L)

●「損益計算書」は、「利益（＝Profit）」と「損失（＝Loss）」から「売上高」を計算したもので、それぞれの頭文字から「P/L」と表すことも多くあります。

●会計上では一口に「利益」と言っても、性質の違いから様々なものがあり、損益計算書の中でどこの利益が大きいかによって、その会社の得意な稼ぎ方が読み取れます。

●損益計算書を理解する上では、利益や損失に関する専門的な言葉が多く出てきます。言葉として覚えるのは難しいので、まずはそれぞれが具体的に何を指すかをイメージできるようにするとよいでしょう。

1 ≫ 損益計算書は何で構成されているのか

◆ 損益計算書（P/L）とは

　損益計算書は、会社が1年間でどれだけ儲けたのかを表しています。貸借対照表と同様、こちらも一見すると数字の羅列のように感じるかもしれませんが、基本のポイントを押さえれば簡単に読み解くことができます。その基本ポイントとは、**損益計算書は「売上高」と「費用」、そしてその差額である「利益」で構成されている**ということです。これを図に置きなおすと図表3-1のようになります。

　これが最も単純化した損益計算書となりますが、これではあまりに単純すぎて分析しにくいので、さらにひと手間を加えます。費用のかたまりを性質別に5つに分解し、売上高からどこまでの費用を差し引くかによって、利益の種類を5つ表します。それを階段状の図にしたのが図表3-2です。

　5種類の利益にはそれぞれ性質の違いがあります。家電量販店を例にとって、1つ1つ見ていきましょう。

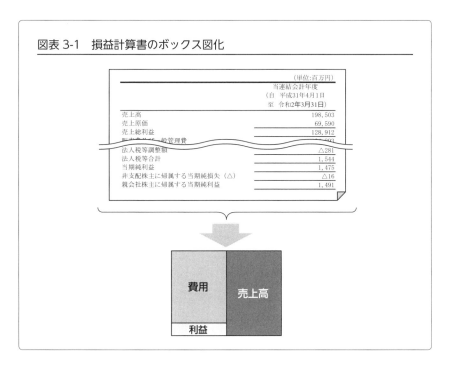

図表 3-1　損益計算書のボックス図化

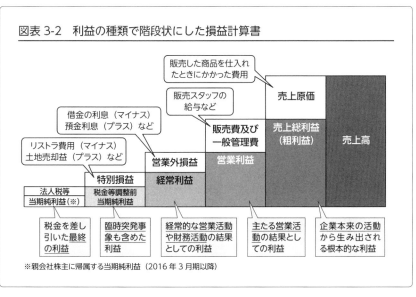

図表 3-2　利益の種類で階段状にした損益計算書

※親会社株主に帰属する当期純利益（2016 年 3 月期以降）

2 ›› 5 種類の利益の性質

◆ 売上高から「売上総利益」を出す

　まず、商品を顧客に販売した代金の合計が
一番右の「売上高」です。その「売上高」か
ら最初に差し引くのが、メーカーへ支払った
商品の購入代金にあたる「売上原価」です。
その「売上原価」を差し引いて残った利益が「売
上総利益」となります。売上総利益は、売上
原価と顧客への販売代金の差額（利ザヤ）です。

**売上総利益を見ることで、扱っている商品そのもので、どれだけ利益を
生み出しているのかがわかります。**なお、売上総利益は「**粗利益**」とも
呼ばれます。

◆ 売上総利益から「営業利益」を出す

　「売上総利益」から店舗の家賃や販売スタッ
フへ支払う給与、広告宣伝のための費用など、
本業で使ったコストである「販売費及び一般
管理費」を差し引いて残った利益が「営業利益」
です。そのため、**営業利益を見ることで、本
業でどれだけ儲けているのかがわかります。**

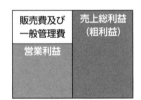

◆ 営業利益から「経常利益」を出す

　「営業利益」からさらに加減算するのが、資
産の利息や株式の配当など、財務活動の結果
である「営業外損益」です。「営業外損益」は、
プラスの要素である「営業外収益」とマイナ

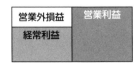

スの要素である「営業外費用」の２種類があります。これらを加減算して残った利益が「経常利益」です。**経常利益は、本業に加えて財務的な要素も加味した儲け**を表しています。たとえば、銀行からお金を借りていれば、利息を負担します。逆に、銀行に預金を預けておけば、預金の利息が手に入ります。これらも加味したのが経常利益ですので、本業＋財務活動の結果どれだけ儲けたのかがわかります。

◆ 経常利益から「税金等調整前当期純利益」を出す

「経常利益」からさらに加減算するのが、リストラ費用や土地の売却益など、通常は毎年発生するものではなく、その年たまたま発生

特別損益	経常利益
税金等調整前当期純利益	

したような損失や儲けも加味した「特別損益」です。「特別損益」も、プラスの要素である「特別利益」とマイナスの要素である「特別損失」の２種類があります。これらを加減算して残った利益が「税金等調整前当期純利益」です。**税金等調整前当期純利益は、臨時突発事象をも含めてどれだけ儲けたのか**がわかります。ちなみに、税金等調整前当期純利益という名称は連結損益計算書で使われるもので、個別財務諸表では税引前当期純利益という名称になりますが、両者の性質はほぼ同じものです。

◆ 税金等調整前当期純利益から「当期純利益」を出す

最後に、「税金等調整前当期純利益」から、会社の儲けに対して課された「法人税等」を

法人税等	税金等調整前当期純利益
当期純利益（※）	

差し引いて残る利益が「当期純利益」です（2016年３月期以降の連結損益計算書では、「親会社株主に帰属する当期純利益」という名称に変わっています）。**株主に帰属する最終的な儲け**を指します。

◆ 注目すべきは「営業利益」

これら５つの利益の中で、最も注目度が高いのが「営業利益」です。なぜなら、**営業利益は本業での儲けを示すため、経営の良し悪しがスト**

レートに表れるからです。でも経営者は、出資してくれた株主に報いる責任がありますし、事業そのものを継続させる責任を有していますので、**トータルの儲けである当期純利益を上げることも当然求められます**。いくら本業で儲けても、財テクで失敗して大損出したら元も子もないですからね。

3 >> 収益、費用の主な中身

◆ 収益の主な中身

「収益」とは、「利益を増加させるもの」をいいます。売上高、営業外収益、特別利益の3箇所に記載されます（図表3-3）。

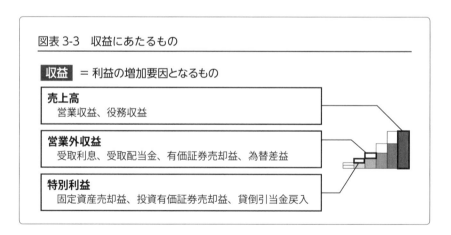

図表3-3　収益にあたるもの

収益 ＝ 利益の増加要因となるもの

売上高
営業収益、役務収益

営業外収益
受取利息、受取配当金、有価証券売却益、為替差益

特別利益
固定資産売却益、投資有価証券売却益、貸倒引当金戻入

①売上高

収益の中でも中心的な存在は、やはり「売上高」です。なお、サービス業などでは、「営業収益」とか「役務収益」という名称で記載されているケースがまれにありますが、売上高と同じ意味です。

②**営業外収益**

「営業外収益」には、銀行から受領する受取利息や投資先からの配当金などがあります。また、外貨取引を行う会社であれば「為替差益（外国為替相場の変動によって生じた利益)」も代表的なものとして挙げられます。

③**特別利益**

「特別利益」として計上されるものとしては、固定資産売却益などがあります。たとえば長期間保有する目的の土地などの固定資産は毎年売買するようなものではありません。そのような固定資産を、買ったときよりも高い値段で売ったら、その差額が固定資産売却益となります。そのような臨時的な（特別な）儲けは、特別利益に区分されます。

◆ 費用の主な中身

「**費用**」とは、「**利益を減らすもの**」のことです。売上原価、販売費及び一般管理費、営業外費用、特別損失、法人税等の5箇所に記載されま

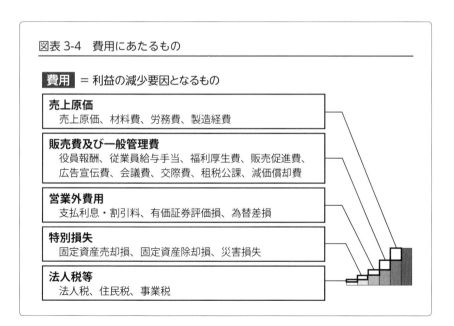

図表 3-4　費用にあたるもの

費用 ＝ 利益の減少要因となるもの

売上原価
　　売上原価、材料費、労務費、製造経費

販売費及び一般管理費
　　役員報酬、従業員給与手当、福利厚生費、販売促進費、
　　広告宣伝費、会議費、交際費、租税公課、減価償却費

営業外費用
　　支払利息・割引料、有価証券評価損、為替差損

特別損失
　　固定資産売却損、固定資産除却損、災害損失

法人税等
　　法人税、住民税、事業税

す（図表3-4）。

①売上原価

「売上原価」は、小売業や卸売業であれば商品の仕入れ値、メーカーであれば原材料費や工員の人件費など、販売した商品に直接ひもづくコストのことです。

②販売費及び一般管理費

「販売費及び一般管理費」は、給与、社会保険料、広告宣伝費、販売促進費、水道光熱費、リース料、交通費、会議費、交際費など、販売活動や管理活動にかかったさまざまなコストを指します。これらについては、会社の経費を使って行う活動がここに含まれていると思えばイメージがつきやすいでしょう。

ちなみに、**同じ人件費でも売上原価に計上されるものもあれば、販売費及び一般管理費に計上されるものもあります。** その違いは、売上高に直接ひもづく人件費かどうかによります。端的にいえば、製品そのものを作っている製造部の人たちの人件費は、直接ひもづくとみなされるので売上原価に計上され、それ以外（営業部、総務部、開発部など）の人たちの人件費は、間接的とみなされて販売費及び一般管理費に計上されるということです。

③営業外費用

「営業外費用」は、「営業外収益」と裏表の関係にあるものです。銀行に対して支払う利息や、「為替差損（為替差益の逆で、外国為替相場の変動によって生じた損失）」などがあります。

④特別損失

「特別損失」も、「特別利益」と裏表の関係にあるものです。たとえば、地価下落で土地を買ったときよりも低い価格でやむなく売ってしまった場合、購入価格と売却価格との差額が固定資産売却損となります。自然災害による損失や、大規模なリストラを行った場合のコストも特別損失に区分されます。

⑤法人税等

「法人税等」は、儲かった利益に対して課される税金で、法人税と住民税と事業税があります。同じ税金でも固定資産税や印紙税など、儲かったかどうかに関係なく発生する税金は、販売費及び一般管理費の中の租税公課に計上されます。

4 ›› 収益力が高い会社を見分ける

◆ 損益計算書の階段図の活用

損益計算書を利益の種類で分解したことにより、売上高、売上総利益、営業利益、経常利益、税金等調整前当期純利益、親会社株主に帰属する当期純利益の6つの数字をピックアップできました。そして、それらを階段状の図にしたものが図表3-5です。各金額がそれぞれの階段の高さとおおむね比例するように図化するのがポイントです。

数字を数字のまま理解するよりも階段図にすることで、一瞬にして見えてくるものがあります。それは収益力、つまりその会社の稼ぐ力です。

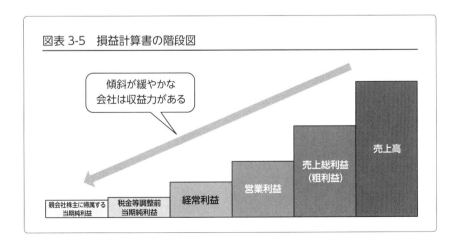

図表 3-5　損益計算書の階段図

階段の傾斜が緩やかな会社は収益力が高く、逆に、階段の傾斜が急な会社は収益力が低いということがいえます。

　実は、この損益計算書の階段図は、「会社の利益率を図に表したもの」といえます。代表的な経営指標である利益率として、「**売上総利益率（粗利率）**」「**営業利益率**」「**経常利益率**」「**当期純利益率**」などがありますが、これらはすべて**分母が売上高**です（図表3-6）。分子にどの利益を持ってくるかによって、利益率の種類が変わるという仕組みです。

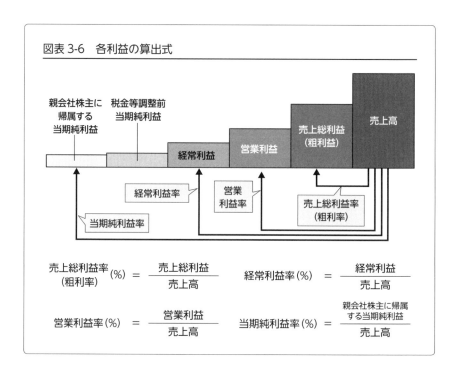

図表3-6　各利益の算出式

$$\text{売上総利益率（粗利率）}(\%) = \frac{\text{売上総利益}}{\text{売上高}}$$

$$\text{経常利益率}(\%) = \frac{\text{経常利益}}{\text{売上高}}$$

$$\text{営業利益率}(\%) = \frac{\text{営業利益}}{\text{売上高}}$$

$$\text{当期純利益率}(\%) = \frac{\text{親会社株主に帰属する当期純利益}}{\text{売上高}}$$

　利益率は、そのパーセンテージが高ければ高いほど「収益力が高い」といわれています。ということは、分母の売上高に対して分子の利益の金額が大きいほど利益率は高くなり、階段の傾斜も必然的に緩やかになるのです。

　なお、**売上総利益〜経常利益が低い位置（あるいはマイナス）にある**

のに、**税金等調整前当期純利益が飛び抜けて高いU字状の階段の会社は要注意**です。このような会社は、資産売却などで無理やり利益を捻出したことが推測できます（図表3-7）。

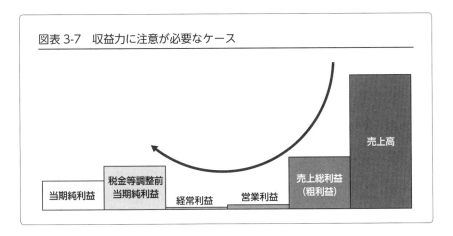

図表 3-7　収益力に注意が必要なケース

変動費と固定費

　「費用」には、実に様々な種類があります。すでに第3章で説明した通り、損益計算書上では、「費用」は以下の5種類に区分して整理されています。

「売上原価」＝売上高と直接ひもづく費用

「販売費及び一般管理費」＝本業での付随的な活動による費用

「営業外費用」＝財務的な要素の費用

「特別損失」＝臨時突発的な要因の費用

「法人税等」＝儲けに対する課税費用

　「費用」には、これとは違った区分の仕方があります。それが「変動費」と「固定費」という切り口です。

「変動費」＝売上高、製品の生産量または販売量の増減に伴って、比例的に増減する費用

「固定費」＝売上高、製品の生産量または販売量の増減とは関係なく、固定的に発生する費用

　端的に、「売上原価」は「変動費」、それ以外の費用は「固定費」とざっくり区分けしてしまうケースもあります。小売業や卸売業の場合は、このような分け方でもおおむね問題ありません。ただし、製造業の場合は、「売上原価」の中に「固定費」が含まれることが多いので注意が必要です。たとえば「売上原価」には、工場で働く正社員の人件費や、機械の減価償却費などが含まれます（減価償却費については第5章参照）。これらは、売上高が増えようが減ろうが、一定額が毎月発生する費用であるため、「固定費」となります。

　「固定費」の割合が高い会社は、売上高が飛躍的に増加しても、費用はそれほど膨らまないため、利益を多額に稼ぐことができます。しかし、逆に売上高が落ち込んだ場合には、固定費の負担が重くのしかかり、赤字転落するおそれがあります。

　このように、「変動費」と「固定費」の概念を知っておくと、売上高の増加（減少）によって、費用がどのくらい増えるのか（減るのか）、という損益のシミュレーションに役立ちます。

第 **4** 章

キャッシュ・フロー計算書
（C/F）

●「キャッシュ・フロー計算書」は、読んで字のごとく「キャッシュ（＝お金）」の「フロー（＝流れ)」を表すもので、「C/F」とも表されます。
●キャッシュ・フロー計算書を構成する3つのお金の流れには、お金が増えたことを示すプラスの流れと、お金が減ったことを示すマイナスの流れが存在します。お金の流れを捉えることで、会社がどのような状況かを読み取ることが可能となります。

1 »»キャッシュ・フロー計算書は何で構成されているのか

◆ キャッシュ・フロー計算書（C/F）とは

　キャッシュ・フロー計算書は、会社が保有するキャッシュ（現金や預金）が、1年間でどのくらい増減したのかを要因別に表したものです。言い換えればお金の流れを表しているので、キャッシュ（＝お金)・フロー（＝流れ）というわけです。貸借対照表や損益計算書と同様、こちらも一見すると数字の羅列のように感じるかもしれませんが、やはり簡単に読み解くための基本的なポイントがあります。そのポイントとは、キャッシュ・フロー計算書は「**営業活動によるキャッシュ・フロー（営業C/F）**」「**投資活動によるキャッシュ・フロー（投資C/F）**」「**財務活動によるキャッシュ・フロー（財務C/F）**」の3つで構成されているということです。これを図にすると図表4-1になります。

◆ キャッシュ・フローの例

　たとえば図表4-2のようなキャッシュ・フロー計算書があったとします。期首のときには3千万円のキャッシュを持っていましたが、その1年後の期末のときには残高が2千万円になっていました。つまり、1年

間で1千万円のキャッシュが減少しています。なぜ1年間でキャッシュが1千万円も減ってしまったのか、その理由を表しているのが、図表の

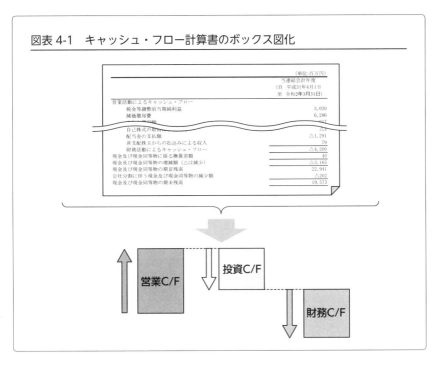

図表 4-1　キャッシュ・フロー計算書のボックス図化

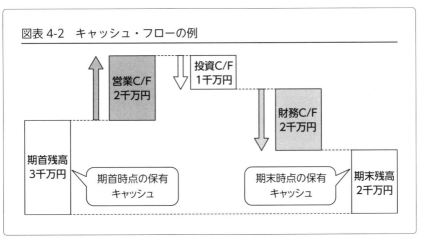

図表 4-2　キャッシュ・フローの例

真ん中に位置している「営業C/F」「投資C/F」「財務C/F」です。

♦ 本業で儲かったかがわかる「営業C/F」

まず、「営業活動によるキャッシュ・フロー（営業C/F）」から見ていきましょう。**営業C/Fとは、その会社が本業の事業活動によって稼ぎ出したキャッシュの増減を示したもの**です。具体的には、商品の販売による収入、原材料の購入による支出、社員への給与やその他諸経費に使った支出などがあります。これらを合計して正味プラスになる場合もあれば、正味マイナスになる場合もあります。

上向き矢印は、キャッシュの増加を意味しています。つまり、日々の営業活動を通してキャッシュが純増したということです。

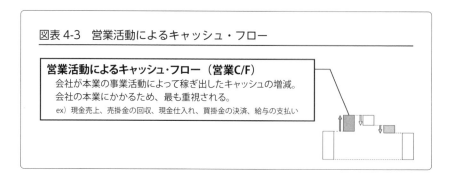

図表 4-3　営業活動によるキャッシュ・フロー

営業活動によるキャッシュ・フロー（営業C/F）
会社が本業の事業活動によって稼ぎ出したキャッシュの増減。
会社の本業にかかるため、最も重視される。
ex）現金売上、売掛金の回収、現金仕入れ、買掛金の決済、給与の支払い

営業C/Fがプラスになっている会社は、「本業が順調」な会社といえます。**プラスになっている会社が健全な姿**と考えてください。

逆に、営業C/Fがマイナスの会社は「本業が苦戦」している会社です。特に2期連続でマイナスだったら要注意です。キャッシュがどこかで滞っており、本業に異常をきたしている状態が読み取れるからです。

なぜ2期連続マイナスだとまずいのでしょうか？　それはビジネスとは儲けを出すために行うものなので、本業でキャッシュが増えていかなければ、ビジネスをやる意味がないからです。たまたま一時的にキャッシュの流出が増えて営業C/Fがマイナスになるケースはあるかもしれ

ません。しかし、**2期連続マイナスともなると、それは単なる一過性ではなく、本質的な危機にあるということがいえます。**

◆ 将来に向けての動きがわかる「投資C/F」

　次に、「投資活動によるキャッシュ・フロー（投資C/F）」を見てみましょう。**投資C/Fとは、既存事業維持や新規事業のための投資活動によって生じたキャッシュの増減を示したもの**です。具体的には、建物や設備などの有形固定資産の取得による支出やそれらの売却による収入、企業買収による支出や子会社売却による収入などがあります。投資C/Fも、これらを合計して正味プラスになる場合もあれば、正味マイナスになる場合もあります。

　下向き矢印は、キャッシュの減少を意味しています。つまり、何らかの投資をしたことでキャッシュが純減したということです。

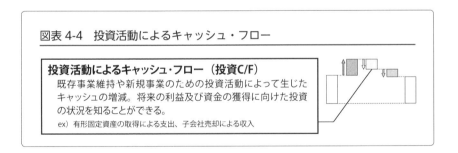

図表4-4　投資活動によるキャッシュ・フロー

投資活動によるキャッシュ・フロー（投資C/F）
既存事業維持や新規事業のための投資活動によって生じたキャッシュの増減。将来の利益及び資金の獲得に向けた投資の状況を知ることができる。
ex）有形固定資産の取得による支出、子会社売却による収入

　投資C/Fがマイナスの会社は積極的に投資をして事業を拡大している、いわゆる「攻めの経営」をしている会社です。マイナスと聞くと悪い印象を抱くかもしれませんが、**投資C/Fについていえば、むしろ「マイナスが普通」**と思ってください。事業を継続・拡大させるためには、通常何らかの投資をし続ける必要があります。設備投資をしたり、M&Aをしたり、投資の対象はさまざまですが、投資をするのは事業発展に不可欠なものだからです。

　逆に、投資C/Fがプラスの会社の方がレアケースです。保有する設

備を売却したり、既存事業の一部を他社に切り売りしたりと、**事業を縮小すると投資 C/F がプラスになる傾向**にあります。いわゆる「守りの経営」に入っている会社といえます。

◆ お金のやり取りがわかる「財務C/F」

最後に、「財務活動によるキャッシュ・フロー（財務 C/F）」を見てください。**財務 C/F とは、外部からの資金調達や資金の返済によって生じたキャッシュの増減を示したもの**です。具体的には、銀行からの借入れによる収入やその返済による支出、株式を発行したことで得られた収入や株主への配当による支出などがあります。財務 C/F もこれらを合計して正味プラスになる場合もあれば、正味マイナスになる場合もあります。これも下向き矢印になっているので、投資 C/F と同様、キャッシュが減少したことがわかります。つまり、財務的なことを行った結果、キャッシュが純減したのです。

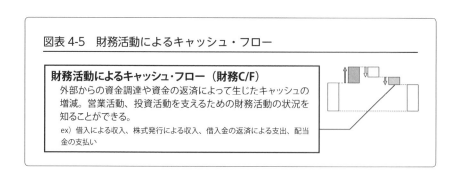

図表 4-5　財務活動によるキャッシュ・フロー

財務活動によるキャッシュ・フロー（財務C/F）
外部からの資金調達や資金の返済によって生じたキャッシュの増減。営業活動、投資活動を支えるための財務活動の状況を知ることができる。
ex）借入による収入、株式発行による収入、借入金の返済による支出、配当金の支払い

財務 C/F のプラス、マイナスは事業のライフサイクルを反映しています。**財務 C/F がプラスの会社は事業の「導入期・成長期」にある**と考えられます。事業をスタートさせてその事業が軌道に乗るまでは運転資金を確保する必要があるため、株式を発行して株主から出資を受けたり、銀行からお金を借りたりすることが一般的です。そのため、財務 C/F はプラスに表れる傾向にあります。

　逆に、**財務C/Fがマイナスの会社は、事業が「成熟期・衰退期」に
ある**と考えられます。事業が軌道に乗って成熟した段階までくると、株
主に配当ができるようになったり、借りたお金を返せるようになったり
します。そのため、財務C/Fはマイナスに表れる傾向にあります。

　図表4-2で示したように、キャッシュ・フロー計算書は、ウォーター
フォール図に置き換えることができ、プラスとマイナスの意味をまとめ
ると図表4-6のようになります。

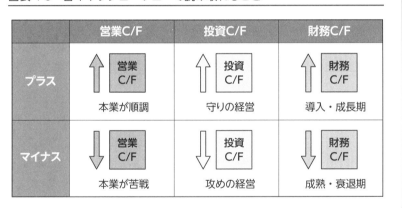

図表4-6　各キャッシュ・フローで読み取れること

	営業C/F	投資C/F	財務C/F
プラス	↑ 営業C/F　本業が順調	↑ 投資C/F　守りの経営	↑ 財務C/F　導入・成長期
マイナス	↓ 営業C/F　本業が苦戦	↓ 投資C/F　攻めの経営	↓ 財務C/F　成熟・衰退期

◆ 投資C/Fと財務C/Fの中身をチェック

　以上のように、3つのC/Fそれぞれがプラスなのかマイナスなのか
を見るだけで、その会社の状況をつかむことができます。

　とはいえ、これが絶対というわけではありません。たとえば、定期預
金の預入れや引出しは、それぞれ投資C/Fの増加と減少に含まれます。
そのため、余資運用の一環で多額のキャッシュを定期預金に預け入れた
ら、投資C/Fはマイナスになり、その定期預金が満期を迎えたら投資
C/Fがプラスになります。すなわち、事業における投資とは無関係に、

投資 C/F が増減することがあるのです。

　また、事業が徐々に衰退している状況を見越して、追加の借入れをすることもあります。そうすると、事業が「導入期・成長期」ではなくても、財務 C/F がプラスになることがあります。

　したがって、**投資 C/F や財務 C/F はさらにその内訳を注視すること**も、時には必要になります。

2 » 3 つの C/F の組み合わせでわかること

　ここまでは、3 つの C/F それぞれがプラスかマイナスかという点のみで、会社の状況を把握する方法をお伝えしました。これをさらに推し進め、より深く会社の状況を把握する方法があります。それは 3 つの C/F のプラス、マイナスの組み合わせです。

◆ C/Fの代表的なパターン

　理論上は 3 つの C/F それぞれでプラスとマイナスの 2 通りなので、2 × 2 × 2 で 8 パターンとなりますが、ここでは、代表的なパターンを紹介します。「**優良企業タイプ**」「**積極投資タイプ**」「**選択と集中タイプ**」「**ベンチャータイプ**」「**危険水域タイプ**」の 5 つです。

　①「優良企業タイプ」
　営業 C/F がプラス、投資 C/F がマイナス、財務 C/F がマイナスの組み合わせの会社は、優良企業の典型です。本業で十分なキャッシュを稼いでおり、稼いだキャッシュを将来の投資に充当し、なお余るキャッシュは借入返済や株主への配当に回していることがうかがえます。上場企業で一番多いパターンです（図表 4-7）。

図表 4-7　優良企業タイプのキャッシュ・フロー

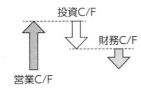

投資C/F

財務C/F

営業C/F

②「積極投資タイプ」

　営業 C/F がプラス、投資 C/F がマイナス、財務 C/F がプラスの組み合わせの会社は、積極的に投資を行っている会社です。本業で稼いだキャッシュと、外部からの資金調達によるキャッシュを、将来のための投資に振り向けていることがうかがえます。積極的な攻めの経営に打って出ている会社といえます（図表 4-8）。

図表 4-8　積極投資タイプのキャッシュ・フロー

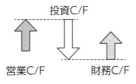

投資C/F

営業C/F　　財務C/F

③「選択と集中タイプ」

　営業 C/F がプラス、投資 C/F がプラス、財務 C/F がマイナスの組み合わせの会社は、事業の選択と集中を行っている会社です。本業での稼ぎはあるものの、既存事業を売却して、その売却資金で借入金の返済に充当しているような会社は、この組み合わせになります。事業の選択と集中がうまくいって、翌期以降に大きく業績を伸ばすケースもあります（図表 4-9）。

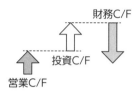

図表 4-9　選択と集中タイプのキャッシュ・フロー

④「ベンチャータイプ」

　営業 C/F がマイナス、投資 C/F がマイナス、財務 C/F がプラスの会社は、スタートアップベンチャーによく見られる組み合わせです。事業はまだ軌道に乗っていないものの、ベンチャーキャピタルなど、その会社の将来性を見込んで出資を行い、そのキャッシュを使って当面の運転資金と投資資金を賄っていることがうかがえます（図表 4-10）。

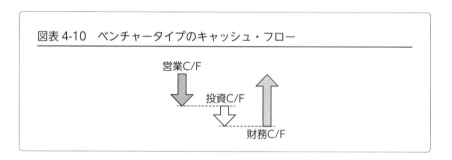

図表 4-10　ベンチャータイプのキャッシュ・フロー

⑤「危険水域タイプ」

　営業 C/F、投資 C/F、財務 C/F のすべてがマイナスの組み合わせの会社は、かなり危険なタイプです。営業がうまくいっておらず、なんとか事業を立て直すために投資を進めるものの、銀行からの要請で借入金の返済を行っている状況です。キャッシュがどのくらい残っているかにもよりますが、新規投資が失敗すれば倒産の危機に陥ります（図表 4-11）。

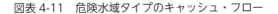

図表 4-11　危険水域タイプのキャッシュ・フロー

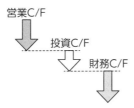

営業C/F

投資C/F

財務C/F

3 » フリー・キャッシュ・フロー

♦ キャッシュ・フローの新たな概念

　最近、注目を集めているフリー・キャッシュ・フローという概念をお伝えします。新聞等でも時々出てくるワードで、「FCF」とか「純現金収支」と表現されることもあります。

　フリー・キャッシュ・フローとは、企業が事業活動から獲得したキャッシュのうち、**自由に使うことができるキャッシュのこと**をいいます。フリー・キャッシュ・フローの考え方はさまざまで、算出方法も複数ありますが、ここでは最も単純な計算方法をお伝えします。計算式は以下の通りです。

フリー・キャッシュ・フロー（FCF）＝営業 C/F ＋投資 C/F

　通常、営業 C/F がプラス、投資 C/F がマイナスですので、FCF とは、本業で稼いだキャッシュから投資に使ったキャッシュを差し引いて残ったキャッシュといえます。つまり、このように算出した FCF で何がわかるのかというと、その会社における**投資の健全性**がわかるのです。

　投資 C/F はマイナスになることが通常だということは、すでにお伝

えしました。それは、将来のための投資をまったくしないと事業が徐々にしぼんでしまうからです。では、青天井にどんどん投資して良いかというと、それもまた違います。それでは投資に失敗した場合、会社が存続できなくなりかねません。そのため、妥当な水準の投資かどうかが重要になりますが、それを見分けるのにFCFが役立ちます。

たとえば、図表4-12で示すような2社があるとします。FCFがプラスの左の会社は、本業で獲得したキャッシュの範囲内で将来に向けての投資に充てています。そのため、身の丈に合った健全な範囲内での投資といえます。逆にFCFがマイナスの右の会社は、本業で獲得したキャッシュを超える投資をしています。そのため、身の丈以上の過剰な投資をしているといえます。

注意点は、**単年度のプラスかマイナスかだけで判断するのではなく、過去3年ぐらいの期間の会計でプラスかマイナスかを見るということ**です。たまたま大型投資が集中した年度はFCFがマイナスになることもあり、それをもって過剰投資であるとはいえないからです。

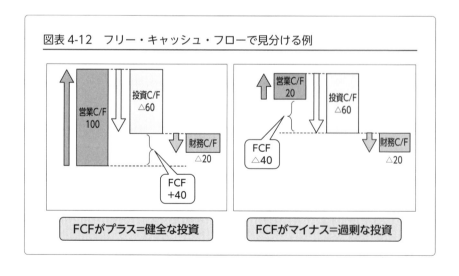

図表4-12　フリー・キャッシュ・フローで見分ける例

◆ フリー・キャッシュ・フローの別の効用

　FCF は、他社の投資の健全性を把握するだけでなく、自社の投資においても使える指標です。たとえば、投資の限度額として、「FCF がプラスになる範囲内に抑える」という社内ルールを設けている会社もあります。時に経営者は、自分の経営判断が正しいものと思い込み、特定の事業に投資し続けてしまうことがあります。一度深みにはまったら後戻りしにくくなり、成果が出るまでキャッシュをつぎ込んでしまい、やがてキャッシュが底をついて倒産するというパターンもあります。つまり、**自社の FCF を把握することで、過剰投資に対して一定の歯止めをかけることが可能**なのです。

2種類の営業C/F

投資C/Fと財務C/Fの内訳は、「有形固定資産の取得による支出」や「新株発行による収入」など、「あー、こういう理由で現金が増えたのか(減ったのか)」とイメージが湧きやすい項目がほとんどです。

ところが、営業C/Fには、「減価償却費」「棚卸資産の増減額」など、およそ現金の増減とは関係なさそうな項目が並んでいるため、初めて見る方にとっては強烈な違和感を覚えることでしょう。

実はこれ、営業C/Fの作り手側の都合によるものなのです。営業C/Fには「直接法」と「間接法」の2種類の作成方法があります。

「直接法」とは、本業での取引すべての中から、現金取引がある項目だけを抜き出して作成する方法です。この方法は、取引量が極めて少ない会社であればいいのですが、そうでない場合は膨大な日常の取引すべての中から、現金の動きがある取引を一つひとつ抽出する作業となり、とてもやっていられません。

なので、一般的には「間接法」でキャッシュ・フロー計算書を作成します。「間接法」とは、まず貸借対照表と損益計算書を完成させ、それをもとに、間接的にキャッシュ・フロー計算書を作成する方法です。「間接法」は、損益計算書の税金等調整前当期純利益を出発点とし、そこから利益と収支のズレを補正させて、本業での現金の増減を算出します。

「直接法」よりも「間接法」の方がはるかに作成がラクなので、おそらく99%以上の会社が「間接法」で作成していると思います。

作り手にとってはラクな方法ですが、読み手にとってはちょっとややこしいですよね。私は初心者向けの研修やセミナーなどでは、「営業C/Fの内訳は見ないでください」と言っています。見ることによって逆に混乱してしまう恐れがあるからです。

まずは、営業C/Fの「合計」だけを見れば十分。営業C/Fの「内訳」は、減価償却の仕組みや利益と収支の違い(第5章参照)をしっかり理解した後にしましょう。

第 **5** 章

会計でつまずかないコツ

●2～4章で解説してきた「財務3表」は、それぞれ単独で活用することも可能ですが、関係性を理解することで、より深く正確に会社の実態を把握することができるようになります。

●本章では、決算書をより有効に活用するために覚えておきたい仕組みや、会計や決算書を学び始めた人にとってイメージしにくいこと、つまずきやすいポイントなどについて解説しています。

1 ›› 財務3表同士の関係性

前章までで、財務3表を図に置き換えて分析するという手法を説明してきました。貸借対照表、損益計算書、キャッシュ・フロー計算書の順番で説明してきたので、あたかも3つがバラバラに存在するものと捉えてしまうかもしれません。しかし、これら3つは**密接に結びついていて、お互いの数字の動きが相互に影響し合います**。そのため、この関連性を理解すると、より深い財務分析ができるようになります。そこで本章では、財務3表がどのようにつながっているのかを見ていきたいと思います。

◆ 時間軸で見る財務3表の関係

まずは、財務3表の確認です。貸借対照表（B/S）は、「会社の決算日（期末）時点の財政状態」を表したものです。たとえば、3月31日を決算日としている会社であれば、3月31日時点の会社が持っている財産や、負っている債務などの残高が一覧化されています。

損益計算書（P/L）は、「会計期間の経営成績」を表したものです。すわなち、4月1日から翌年3月31日までに、どのくらい費用をかけて、どのくらい商品を販売し、結果としていくら儲かったのかなどを表しています。

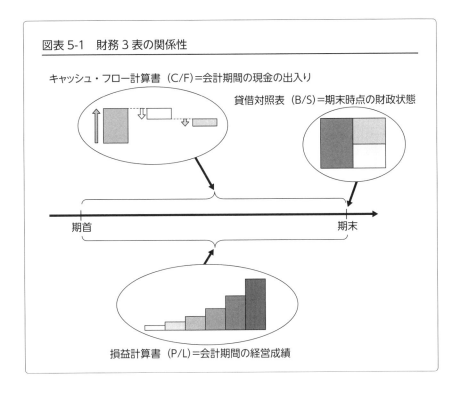

図表 5-1　財務 3 表の関係性

キャッシュ・フロー計算書（C/F）＝会計期間の現金の出入り

貸借対照表（B/S）＝期末時点の財政状態

期首　　　　　　　　　　　　　　　　　期末

損益計算書（P/L）＝会計期間の経営成績

　キャッシュ・フロー計算書（C/F）は、「会計期間の現金の出と入り」を表したものです。たとえば、1 年間でお金がどのくらい増えたのか（あるいは減ったのか）を 3 つの要因（営業、投資、財務）に分けて表しています（図表 5-1）。

　財務 3 表のそれぞれの位置づけを再確認したところで、いよいよ本題です。

　3 月決算の会社であれば、貸借対照表は 3 月 31 日時点の財政状態を表したものです。損益計算書は 4 月 1 日から翌年 3 月 31 日までの経営成績を表したものです。これを前提に、簡単な数値例を使って貸借対照表と損益計算書のつながりを説明します。

◆ 貸借対照表と損益計算書の関係

図表5-2を見てみましょう。

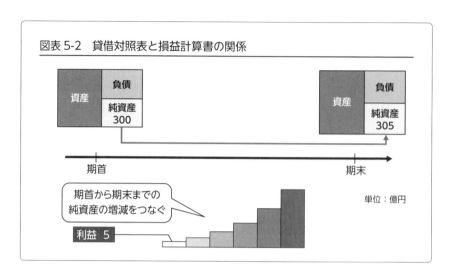

図表5-2　貸借対照表と損益計算書の関係

　期首（4月1日）時点において、貸借対照表に計上されている純資産が300億円あります。そして、1年後の期末（3月31日）時点では305億円になっています。1年間で純資産が5億円増えているということですね。しかし、貸借対照表だけ見ても、その増加要因はわかりません。そこで損益計算書の出番です。もし損益計算書を見たとき、1年間の売上からもろもろの費用が差し引かれて最終的に「親会社株主に帰属する当期純利益」が5億円だったとしたら、その分だけ純資産（利益剰余金）が増えていると読み取れます。

　すなわち、損益計算書を見れば、期首の現預金と期末の純資産の増減要因がわかるのです。

◆ 貸借対照表とキャッシュ・フロー計算書の関係

　貸借対照表と損益計算書のつながりを理解したところで、今度は貸借

対照表とキャッシュ・フロー計算書を見ていきます。

　3月決算の会社であれば、貸借対照表は3月31日時点の財政状態を表したものです。また、キャッシュ・フロー計算書は4月1日から翌年3月31日までの経営成績を表したものです。これを前提に、簡単な数値例を使って貸借対照表とキャッシュ・フロー計算書のつながりを説明します。

　これも、図表5-3で示すような具体的なサンプルで見ていきましょう。

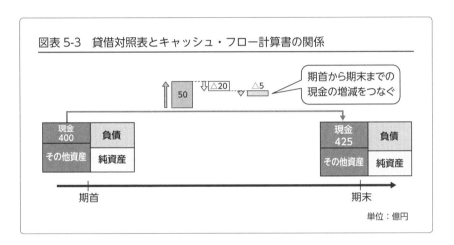

図表 5-3　貸借対照表とキャッシュ・フロー計算書の関係

期首から期末までの現金の増減をつなぐ

単位：億円

　期首（4月1日）時点において、貸借対照表に計上されている現預金が400億円あります。そして、1年後の期末（3月31日）時点では425億円になっています。すなわち、1年間で現預金が25億円増えています。貸借対照表だけ見ても、本業で稼いだ結果なのか、単に借入れを増やしただけなのか、実態がつかめません。しかし、キャッシュ・フロー計算書を見ればその要因がわかります。このサンプルなら、「営業活動で50億円増やして、投資活動で20億円使用して、財務活動で5億円使った」結果、最終的に25億円の純増加となったということがわかるのです。

　すなわち、キャッシュ・フロー計算書は、「期首の現預金と期末の現預金の増減要因」を表したものなのです。

2 儲かっているのにお金がない？ 「キャッシュと利益の違い」

♦ 黒字倒産になりかねない「ズレ」

損益計算書上は黒字でも、キャッシュ・フロー計算書上は赤字になることがあります。最悪の場合は、損益計算書が黒字のままキャッシュが底をついてしまう「黒字倒産」という事態も起こりえます。

なぜ利益が出ているのに、キャッシュが足りなくなるのでしょうか？

それは、**キャッシュ・フロー計算書がお金の動きに着目した計算書であるのに対し、損益計算書は商品・サービスの動きに着目した計算書だからです。**この違いがキャッシュと利益のズレを生じさせる要因となっているのです。

図表 5-4　各計算書に計上されるタイミング

損益計算書	物・サービスの提供時点
キャッシュ・フロー計算書	お金が動いた時点

損益計算書の売上高は、商品・サービスを提供した時点で売上高として認識されます。お金を受け取った時点ではありません。

たとえば、顧客に対して販売価格 120 万円の商品を引き渡した場合、120 万円が売上高となります。代金の回収が翌期であっても、一部しか回収していなくても、引き渡した商品の金額（120 万円）が売上高となります（図表 5-5）。

他方で仕入れについては、仕入先から仕入価格 80 万円の商品を受領した場合、80 万円が売上原価となります。代金をいつ支払ったのかは関係ありません。

図表5-5　売上のズレ

3月に商品を120万円で顧客に販売し、その代金は4月に受領した

	3月	4月
損益計算書	売上120万円	－
キャッシュ・フロー計算書	－	売掛金回収120万円

ここで売上原価について注意が必要です。

会計独特の考え方なのですが、**仕入先等から受け取った商品すべてが売上原価となるのではなく、顧客に提供した商品に対応したものだけが、売上原価となります。**

すなわち売上原価は、それにひもづく売上高が認識された時と同じタイミング（顧客に商品を提供した時）で認識されるのです。そのため、ただ商品を仕入先から購入しただけでは費用にはなりません。単に現金80万円が商品80万円に入れ替わっただけなのです（図表5-6）。

これは「費用収益対応の原則」といって、費用と収益で関連するものは同じタイミングで計上するという会計上のルールがあるからです。

図表5-6　費用のズレ

3月に80万円分の商品を仕入れ、その代金を3月に支払った
4月にその商品を120万円で顧客に販売し、その代金は4月に受領

	3月	4月
損益計算書	－	売上120万円 売上原価80万円 売上総利益40万円
キャッシュ・フロー計算書	80万円の商品の仕入れ	売掛金回収120万円

ではなぜこのようなルールになっているのでしょうか？

　仮に、仕入先から受け取った商品すべてを売上原価として費用にするルールだったら損益計算書はどうなるでしょう？　先の例でいうと、売上原価 80 万円だけ計上され、売上高はゼロ、その結果、利益はマイナス 80 万円（すなわち 80 万円の赤字）です。

　そして、翌年度その商品を顧客に販売したら、損益計算書はどうなるでしょう？　これも先の例でいうと、売上高は 120 万円ですが、売上原価はゼロ（前年度に計上済みのため）、その結果、利益は 120 万円となります。このような損益計算書では、業績が良いのか悪いのか分かりませんよね？

　このような方法よりも、販売した年度に売上高 120 万円、売上原価80 万円、差引で利益 40 万円と表した方が、その会社の経営成績がよく分かると思います。そのため、売上と売上原価は対応させて損益計算書に載せましょう、というルールになっているのです。

　ここまで読んで、「キャッシュ・フロー計算書も損益計算書も結果は同じじゃないか」、「黒字倒産が起こるわけないんじゃないの？」と感じる方もいると思います。

　たしかに、収入 120 万円 − 支出 80 万円 = 40 万円が営業 C/F（すなわち収支）であり、利益も売上 120 万円 − 売上原価 80 万円 = 40 万円となります。

　しかしそれは、同一の会計期間にすべての取引が予定通り行われたという条件がそろった場合のみ、あてはまります。逆にその条件がそろわなければ、収支と損益は一致しません。

　これについて、具体的に数値例を使って説明します。

　企業同士の売買では、取引の都度お金を支払うことはまずしません。手間がかかって煩雑だからです。通常は 1 ヶ月分の仕入金額の合計を、まとめて仕入先に支払います。

　顧客企業に販売する場合も同様です。その都度お金をもらうことは通常行われず、後日まとめて販売金額の合計を受け取ります。

したがって、時系列にすると「①仕入先から商品受取り⇒②顧客へ商品引渡し⇒③仕入代金支払い⇒④販売代金回収」という順番になるのが通常です。

このため、たとえば、「①商品受取り⇒②商品引渡し⇒③仕入代金支払い」まで行われた時点で決算日を迎え、翌年度に「④販売代金回収」をした場合、決算日までの1年間のキャッシュ・フロー計算書と損益計算書を作成すると、損益は40万円（①と②）、営業C/Fはマイナス80万円（③）です（図表5-7）。これは商品・サービスの動きとお金の動きの間に、タイムラグがあるからです。

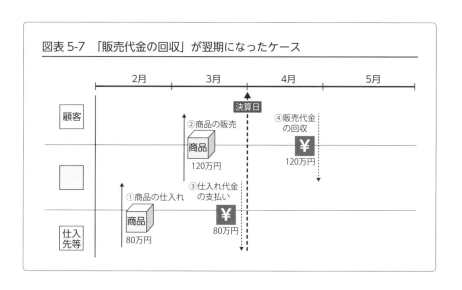

図表5-7 「販売代金の回収」が翌期になったケース

◆ 「貸倒れ」による黒字倒産

④が永遠に来ないケースもあります。これはいわゆる「**貸倒れ**」と呼ばれるもので、顧客の経営状況が悪化し、いつまで経っても代金が回収できないケースです（図表5-8）。①⇒②⇒③だけを繰り返していくとどうなるでしょう？　利益はどんどん上がり続けますが、営業C/Fはどんどんマイナスになっていきます。

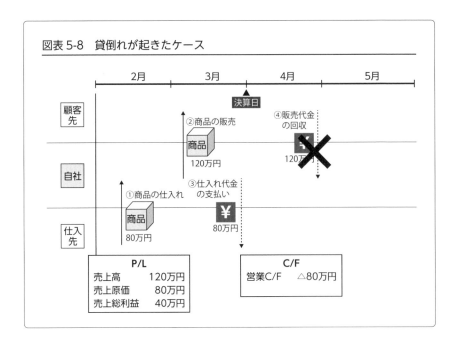

図表5-8　貸倒れが起きたケース

このように、利益は上がっているもののお金がどんどん減っていき、ついには破綻してしまう、すなわち、黒字倒産が起こってしまうことがあるのです。

◆ もう1つの黒字倒産

これとは異なる要因の黒字倒産もあります。商品をたくさんに仕入れたにもかかわらず全く売れない（または少ししか売れない）ケースです。売れないため当然ながら販売代金を回収することができず、他方で仕入先には商品代金を支払わなければなりません。

図表5-9で示すような、①はあるものの②④がなく、やがて③が来るというものです。この場合、損益計算書はどうなるでしょう？

前述のとおり、売上原価は対応する売上が認識されない限り費用とはならないため、利益はゼロです。これに対してキャッシュ・フロー計算書は、仕入先への代金支払いにより営業C/Fはマイナスになります。

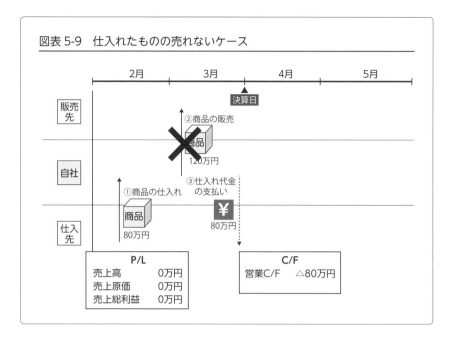

図表 5-9　仕入れたものの売れないケース

この状態が長く続くと、先ほどと同様にお金がどんどん減り続け、最終的には破綻してしまうおそれがあります。

3»持っているだけで資産が減る？「減価償却」

◆ なぜ減価償却が必要なのか

　減価償却は建物や自動車、ソフトウェアなどの固定資産を保有している場合に出てくる概念です。

　たとえば業務用に自動車を 120 万円で購入したとします。一見、購入した年度の損益計算書に 120 万円の費用として計上されると考えがちです。

　しかし、それは典型的な誤りです。なぜでしょうか？

固定資産は通常、長期に渡って使い続けるので、毎年購入するような
ものではありません。しかも金額は多額になることが通常です。そのた
め、もし購入時に購入額全額を費用とする会計処理をしてしまったら、
業績は好調なのに、たまたま今年度に大型の設備投資をしたがために費
用が多額に計上され、赤字になります。逆にその翌年に設備投資をしな
かったら、設備投資にかかる費用が発生せず黒字になるというおかしな
現象が生じてしまいます（図表5-10）。

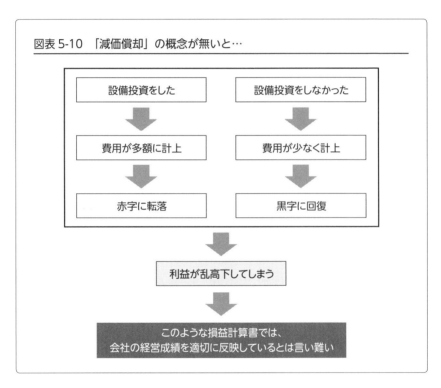

　このような会計処理で作成された損益計算書では、適切な経営成績を
反映しているとは言い難いでしょう。そこで、このような事態を避ける
ために、購入時点の支出額をその使用期間にわたって配分する会計処理
が行われるのです（図表5-11）。

　たとえば120万円の固定資産を6年間使うなら、6年間にわたり20

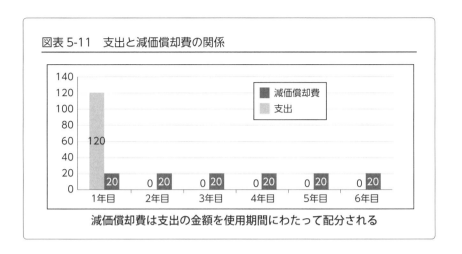

図表 5-11　支出と減価償却費の関係

減価償却費は支出の金額を使用期間にわたって配分される

万円（＝ 120 万円 ÷ 6 年）ずつ、費用として損益計算書に計上します。こうして計上された費用のことを減価償却費といいます。

　このように、**一時点の支出を複数の期間に費用配分する会計処理を減価償却といい、損益計算書の適正性**が保たれます。

◆ 貸借対照表から見た減価償却

　減価償却は、貸借対照表の側面からも合理的な会計処理であることが説明できます。

　固定資産を購入した際、貸借対照表にはその購入額が計上されます。自動車を 120 万円で購入したのであれば、「車両運搬具 120 万円」と計上されます。しかし、2 年後も 3 年後も 120 万円の価値があるとは限りません。むしろ使っていくうちに性能が落ちたり、傷が付いたりして価値が減少していくのが通常です。

　実は、**減価償却は、そうした固定資産の価値の減少額を表している**のです。すなわち減価償却費が毎年 20 万円であれば、固定資産は購入から 1 年後には 100 万円、2 年後は 80 万円というように、減価償却費の金額 20 万円ずつ固定資産を減少させていくのです。このような会計処理を行うことで、貸借対照表に載っている固定資産は、その期末時点の

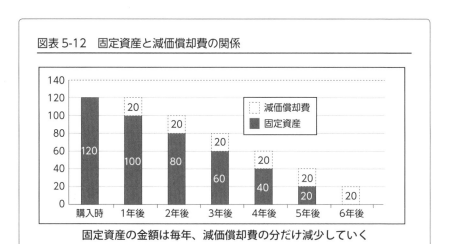

図表 5-12　固定資産と減価償却費の関係

固定資産の金額は毎年、減価償却費の分だけ減少していく

価値を正しく反映させることができるのです（図表 5-12）。

　以上のことから判明することは、「**貸借対照表に固定資産として載っている金額は、遅かれ早かれ将来必ず費用になる**」ということです（ただし、土地は例外で、減価償却不要の固定資産です。土地は他の固定資産と違って、使い続けても価値が目減りするものではないと考えられているからです）。

　固定資産は将来、減価償却費に姿を変え、損益計算書に費用（売上原価または販売費及び一般管理費）として計上されます。

　費用が増えれば当然、利益を押し下げる要因となります。利益が押し下げられれば、将来の貸借対照表に計上される利益剰余金が少なくなるため、純資産にマイナスの影響を及ぼします（図表 5-13）。

　言い換えると、**固定資産を購入する際には、将来発生する減価償却費の金額以上に、利益の増加が見込めるかを見極めなければなりません**。

　なぜなら、仮に固定資産の利用による売上増加やコスト圧縮の効果がゼロだったら、減価償却費の分だけ確実に利益が減ってしまうからです。つまり、「長く使うものだから、高くてもいいものを…」的などんぶり勘定で固定資産を購入してはいけないということです（図表 5-14）。

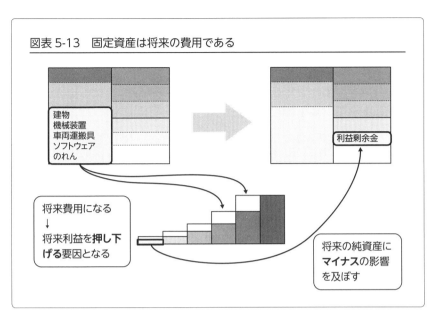

図表 5-13　固定資産は将来の費用である

建物
機械装置
車両運搬具
ソフトウェア
のれん

将来費用になる
↓
将来利益を**押し下
げる**要因となる

利益剰余金

将来の純資産に
マイナスの影響
を及ぼす

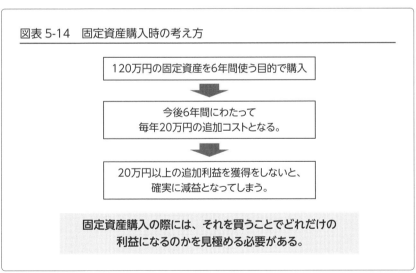

図表 5-14　固定資産購入時の考え方

120万円の固定資産を6年間使う目的で購入

今後6年間にわたって
毎年20万円の追加コストとなる。

20万円以上の追加利益を獲得をしないと、
確実に減益となってしまう。

**固定資産購入の際には、それを買うことでどれだけの
利益になるのかを見極める必要がある。**

◆ 減価償却の留意点

　ここまで見てきた通り、減価償却は、損益計算書にとっても貸借対照表にとっても必要な会計処理です。**しかし減価償却は必ずしも絶対的で完璧なものではありません。**

　その理由は以下の通りです。

　第一に、その**固定資産を何年使用するかは誰にも分からない**という点です。多くの場合、税法で定められた利用年数（法定耐用年数といいます）を使って減価償却の計算をしているのが実態です。

　たとえば、自動車だったら6年、パソコンだったら5年というように、一律に定められた年数で費用配分します。しかし、何年使い続けるかは使用状況や会社の意思によってさまざまですし、当初6年と思っていても6年経たずに途中で買い替えることも当然あり得るわけです。そのような不確実性の上に、減価償却の計算は成り立っていることは意識しておく必要があります。

　第二に、**固定資産の価値の減少額は正確に測れない**ということです。

　前述した120万円の自動車の例は、毎年一定額ずつ価値が減少する方法（定額法といいます）ですが、使用期間の前半に価値が大きく減少し、その後なだらかに価値が減っていく方法（定率法といいます）も認められています。

　価値の目減り方に応じて企業が事前に選択するのですが、新車で購入した自動車が1年経ってどのくらい価値が減ったかなんて、誰が正確にわかるでしょう？　誰にもわからないから「毎年一定額ずつ価値が減少する」などの仮定を置いた上で計算しているに過ぎないのです。

　このように、減価償却は様々な仮定に基づき計算されるため、不完全なものです。しかし、**購入時に全額費用とするよりも、はるかに合理的であるため、**制度として使われているのです。

4 » 損したつもりの「引当金」

◆ 引当金とは

　引当金については、その代表的なものである退職金の支給を例にとって説明したいと思います。

　会社は従業員からの労働の提供を受けることにより、その対価としての退職金の発生原因が生じます。これが毎年少しずつ積み重なって、従業員が退職した時に多額の退職金が支払われます。

　この退職金の支払いを、退職した年度のみの費用とするのは合理的ではありません。なぜなら、在籍期間中に渡って会社のために働いてくれた対価であるため、在籍期間中、毎年少しずつ退職金の当期見合い分を費用計上する方が合理的だからです。

　このように、将来、支出や損失が発生することが予想され、その発生原因が当期にある場合、当期の負担に相当する金額を前もって費用として計上します。そして、費用計上すると同時に、その同額が貸借対照表に負債として上乗せされます。これが引当金です。

　退職金にかかる引当金であれば「退職給付引当金」という名称で負債に乗ってきます。これは、従業員をはじめとした利害関係者に対して、「将来の支出に備えて、これだけ前倒しで費用計上してますよ」というメッセージでもあります。

　引当金にはこの他、賞与引当金、返品調整引当金、修繕引当金、貸倒引当金など、複数の種類の引当金が存在しますが、発生原因が違うだけで、考え方は退職給付引当金と同じです。

　引当金は負債であるため、引当金が多額にあると、将来出ていくお金がたくさんあるという、マイナスのイメージを抱きがちです。

　しかし、確かに**キャッシュ・フロー計算書の観点ではマイナス要因**ですが、**損益計算書としては、引当金は何もしなければ将来多額に発生す**

る費用を前倒しで少しずつ費用計上しているため、**将来の費用発生を事前に回避している**と言えるでしょう。将来の費用が抑えられれば利益を押し上げる要因となり、将来の貸借対照表に計上される利益剰余金が多くなるため、純資産にプラスの影響を及ぼします（図表 5-15）。したがって、引当金はネガティブな側面とポジティブな側面の両方を併せ持っているということを忘れないで下さい。

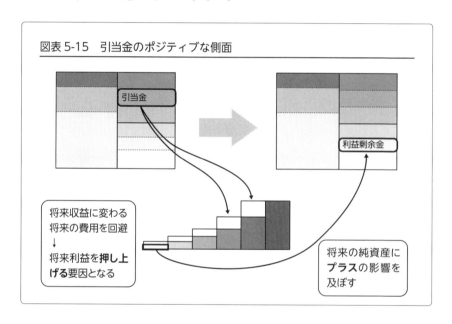

図表 5-15　引当金のポジティブな側面

引当金

利益剰余金

将来収益に変わる
将来の費用を回避
↓
将来利益を**押し上げる**要因となる

将来の純資産に
プラスの影響を
及ぼす

◆ 引当金も絶対ではない

　ただ、引当金も減価償却と同様に完璧で絶対的なものではありません。その理由は、**引当金も減価償却と同様に、見積もりに基づく仮定計算である**ためです。たとえば、返品調整引当金であれば、販売した商品のうちどのくらい返品されるかは、正確にはわかりません。また、貸倒引当金であれば、持っている売掛金のうち、将来いくら貸し倒れるかというのも、同様に正確なことはわかりません。

　このように、引当金の金額は将来の事象に依存するので、タイムマシー

ンに乗って未来に行かない限り、正確な数字は絶対にわからないのです。わからないなりに、過去の実績を基にした発生確率などを総合的に考えて、妥当と思われる金額を見積もって、引当金の金額を計算するのです。

　このように、引当金は不完全なものです。しかし、**将来の支出時に全額費用とするよりはるかに合理的である**ため、減価償却と同様に制度として使われています。

5 ›› 店先に掛けられていないほうの「のれん」

◆ 会計上の「のれん」

　貸借対照表の資産の部に「のれん」と計上されていることがあります。さて、のれんとは一体何でしょう？

　のれんと聞いて普通イメージするのが、お店の入口などに垂れ下がっている布製の暖簾のほうでしょう。実は会計上ののれんの語源はここからきています。

　会計におけるのれんとは、ブランド、技術、メソッド、顧客との関係、従業員の能力など、企業が保有している目に見えない価値の総称のことで、資産の1つです。

　たとえば、創業何百年という老舗の和菓子屋さんの隣に、他の和菓子屋さんが出店して似たような商品を同じ値段で売っていたとしても、多くの人は老舗和菓子屋の暖簾がかかっているほうに入るでしょう。老舗和菓子屋の暖簾には、およそ何百年もの歴史と伝統に裏付けされた価値が詰まっているのです。

　このように、**会社が持つ目に見えない価値が、お店の入口にかかっている暖簾に象徴されるので、会計上その価値のことを「のれん」とし、貸借対照表に資産として載せている**のです。

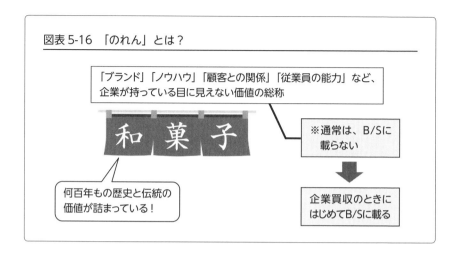

図表5-16 「のれん」とは？

「ブランド」「ノウハウ」「顧客との関係」「従業員の能力」など、企業が持っている目に見えない価値の総称

和菓子

何百年もの歴史と伝統の価値が詰まっている！

※通常は、B/Sに載らない

企業買収のときにはじめてB/Sに載る

◆「のれん」が計上されるのはM&Aのとき

　では、目に見えない価値を持っていればどんな会社ものれんが計上されるのかというと、そうではありません。

　社長が、

　「我が社のブランド力は5千万円の価値がある！」

　「うちは優秀な社員をたくさん抱えているので1億円ののれんを計上する！」

と言っても、その金額に根拠はないですよね。自画自賛しているだけであって、外部から見たら全く価値がないということもありえます。そのため、ある事象が発生しないとのれんを計上してはいけないというルールになっているのです。

　その事象とは、**M&A**（合併又は買収）です。M&Aによって買収先企業を自社の傘下に入れることで、買収先企業ののれんがはじめて顕在化するのです（図表5-16）。

　M&Aの際には、買収する会社が買収される会社の企業価値を測定します。正確には第三者機関を使って、デュー・デリジェンスと呼ばれる企業価値測定のための調査が行われるのです。これにより、目に見えな

い価値が客観的に測定されます。

　他方で、決算書上の企業価値を意味する純資産の金額には、目に見えない価値は含まれていません。したがって、貸借対照表の純資産とデュー・デリジェンスを経て測定された企業価値の金額との差額が、のれんとして初めて貸借対照表に計上されるのです。よって、前述の老舗和菓子屋のように何百年もの歴史と伝統の価値がある会社でも、他社に買収されない限り、のれんは貸借対照表に載りません。

　昨今、法制度が緩和化したこともあり、M&Aが国や業種を超えて活発に行われています。自分の会社がある日突然、他社の傘下に入ることも可能性としては十分にあり得るわけです。

◆ M&Aの成否を左右する

　このように活発化したM&Aですが、M&Aの結果発生するのれんの金額いかんによっては、M&Aが見送られることもあります。それはどういうことでしょうか？　その理由を、のれんの算出方法と、その後の会計処理方法によって明らかにしたいと思います。

　ここではのれんの算出方法を、仮に「老舗和菓子屋がとある会社（A社）に買収された」と仮定して説明します。

　老舗和菓子屋の貸借対照表上の純資産は500億円なのに対し、A社は900億円を支払って買収したとします。余分に払った400億円が老舗和菓子屋の目に見えない価値（＝のれん）ということです。老舗和菓子屋を買収することでA社の資産・負債と老舗和菓子屋の資産・負債が合算されます。

　900億円は老舗和菓子屋のオーナーに支払ってしまったため資産から差し引かれます。そして400億円がのれんとして資産に計上されるのです（図表5-17）。

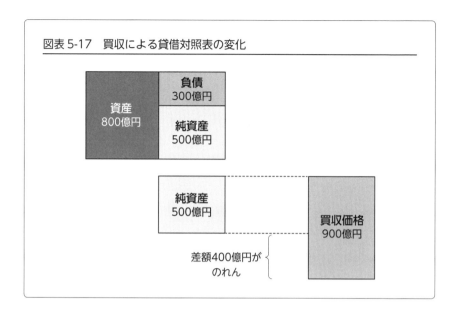

図表 5-17　買収による貸借対照表の変化

資産
800億円

負債
300億円

純資産
500億円

純資産
500億円

買収価格
900億円

差額400億円が
のれん

　のれんは建物や機械と同じ固定資産に属します。そのため、毎年のれ
んの一部が費用に振り替わります(減価償却されます)。日本の会計ルー
ルでは、のれんの償却期間は 2 年〜 20 年です。仮に 20 年償却とした場
合、向こう 20 年にわたって毎年 20 億円（＝ 400 億円÷ 20 年）の費用
を計上し続けなければならないのです。この費用は**損益計算書上、販売
費及び一般管理費に計上されるため、会社の本業の稼ぎを表す営業利益
を押し下げてしまいます。**

　したがって、A 社としては老舗和菓子屋が買収先として魅力的な会
社だったとしても、買収の効果としてその後毎年 20 億円以上の増益が
見込めなければ、買収先候補から外すという意思決定が下されます。

　ちなみに、日本の会計基準ではのれんを一定期間で償却しなければ
ならないルールになっていますが、**米国会計基準や国際会計基準（IFRS）
ではのれんは償却しない**という、まったく逆のルールになっています。
もちろん、のれんの価値が大きく目減りしたと分かった時には価値が
減った分だけ損失を出さなければなりません（これを減損といいます）。

　日本の企業でも、米国会計基準や国際会計基準を採用することは認められています。昨今、M&Aを活発に行っている企業の多くが、国際会計基準（IFRS）に移行していますが、その理由は、のれんの定期償却がないというルールにあると思われます。**国際会計基準（IFRS）の方が見た目の営業利益が大きく出るので、業績が良いように見せられるからです。**

6 ›› 税金と決算書の関係

◆ 会社にかかる税金の問題

　会社にはさまざまな税金がかけられており、その多くは会社の利益に基づいて算出されます。そのため、「利益に税率をかけたものだから、赤字なら税金ゼロ」という誤解をしている方が多いようです。しかし、赤字であっても税金が課されるケースがあります。

　第3章でも説明しましたが、損益計算書には「法人税等」の費用項目があり、これを差し引いて最終の利益である「（親会社株主に帰属する）当期純利益」が算出されます。法人税等は会社に儲けに対して課される税金で、法人税と住民税、事業税で構成されます。しかし、税金等調整前当期純利益へ単純に税率を乗じて法人税等が計算されるわけではありません。その理由については、利益と所得の違いを理解する必要があります。

◆ 似て非なる会計と税務

　「利益」とは、会計上の概念で、収益から費用を差し引いたものです。これに対して「所得」とは、税務上の概念で、益金から損金を差し引いたものをいいます。

　「益金」は「収益」、「損金」は「費用」に当たるものですが、会計と

税務では数字の扱い等が異なっている（後述）ため、それぞれの数字は似て非なるものとなります。そのため、利益と所得には金額のズレが起こります（図表5-18）。

　そして法人税等は、所得に税率を乗じて算出されるのです。利益に乗じるものではありません。だから、**損益計算書で赤字であっても、税金が発生することがある**のです。

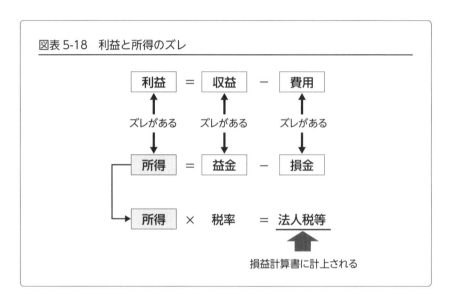

図表5-18　利益と所得のズレ

◆ 会計と税務の目的の違い

　ではなぜ、会計と税務とで、別々の概念を持つ必要があるのでしょう？それは、会計と税務の目的の違いによるものです。

　会計は、会社の実態をできるだけ正確に数値として写し取ることで、利害関係者へ正しい情報を報告することが目的です。これに対して税務は、課税の公平が目的ですので、不当に税金を減らす行為は認められていません。

　たとえば、仕事上の交際費を例に説明しましょう。納税額を減らす目的で、豪華な食事などで巨額の交際費を使えば、利益はその分だけ減少

します。単純に、利益に税率を乗じた金額が納税額になるならば、経営者としては美味しい思いもできて、かつ、税金も減らせるのでどんどん交際費を使いまくりたいところです。

しかし、そのような行為が広まれば納税者間で不公平が生じますし、国の財源としての税収が減ってしまいます。そこで交際費については、大企業は全額が損金と認められず、中小企業でも年間 800 万円までしか損金として認められないというルールになっています（2020 年度税制改正大綱より）。

とはいえ、実際の税金計算においては、益金と損金をわざわざ集計し直すことはしません。収益と益金、費用と損金にズレがあると言っても、大部分は一致しているため、会計上の利益に、両者のズレの部分を調整して税務上の所得の金額を算出します。

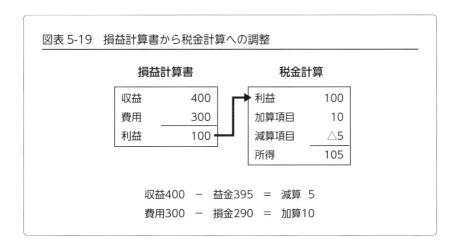

図表 5-19　損益計算書から税金計算への調整

◆ 費用と損金の違い、収益と益金の違い

会計上の費用であるが税務上の損金にあたらない項目として代表的なものが、前述した交際費の他に、事前の届出がなされていない役員報酬や、法定の限度額を超える減価償却費超過額、法的手続きが行われる前の貸倒損失の見積金額など、多数の種類があります。逆に会計上の収益

であるが税務上の益金にならない項目は、一部の要件を満たした受取配当金など、その種類は限定的です。国が税収をできるだけたくさん確保するため、損金にならない項目を多くしているのだと考えられます。

　一方で、政策的な目的で、一定の条件下で税金を減らすこともあります。たとえば、従業員に対する給与について一定以上の賃上げをした企業や、次世代向けの設備投資を積極的に行った企業に対して、税金の一部減額を国が認めることがあります。年度によって条件は異なりますが、その目的の多くが景気対策です。

　企業がお金を使わずにため込んでしまうと景気が冷え込んでしまいます。むしろ積極的に賃上げや設備投資をしてもらった方が、経済全体が活性化し、中長期的には景気回復で税収がアップします。それを見越して、企業にお金を使うインセンティブとして、減税制度を毎年のように用意しているのです。

　巨額の利益が出ているにもかかわらず、税金が極端に少ない企業があったら、多くはこのような制度の活用によるものと言って間違いないでしょう。

Column 4

交際費と会議費

　「得意先の担当者と喫茶店で打ち合わせをした」「クライアントと一緒にプロジェクトの打上げをした」など、仕事で必要な出費をした場合、あなたはどのような名目で経費精算の申請をしていますか？

　「会議費」なのか？「交際費」なのか？どっちでもいいのか？

　実は、何の名目にするかで、納める税金が変わるケースがあるのです。

　「会議費」は全額が損金となりますが、「交際費」は税務上の制限があります。本文でお伝えした通り、大企業は全額が損金として認めてもらえません。中小企業でも年間800万円を超える交際費は損金にならないのです。

　つまり、会議費の場合は「利益は減るけれど、税金が安くなる」のに対し、交際費の場合は、「利益は減るのに、税金が安くならない」というダブルパンチを食らうのです。「会計上は費用なのに、税務上は損金にならない」という交際費はできるだけ避けたいところです。

　税務上のルールでは、金額によって「交際費」と「会議費」を分けることになっています。

　得意先との飲食で、1人当たり5,000円を超えた場合は、その費用は「交際費」にしなければなりません。逆に、1人当たり5,000円以下であれば「会議費」にすることができます。

　つまり、得意先と居酒屋で食事をした場合でも、飲食代総額を参加人数で割った金額が5000円以下であれば、「会議費」にすることができるのです。

　このことを知らずに、「飲み会だから」と短絡的に「交際費」で経費精算してしまうのは、非常にもったいないのです。

　賢いビジネスパーソンは、得意先との会食を1人5,000円以内のコースで予約します。そうすれば、会社の節税にもなりますし、社内決裁も通りやすいことを知っているからです。

　もちろん、接待の相手によっては「5,000円コースでは心もとない」ということもありますので、時と場合による使い分けは必要ですけどね。

第 II 部

実践編

第 **6** 章

ビジネス実務で
決算書を使う

●決算書を理解するためには、簿記の知識が必要だと一般的に考えられています。間違いではありませんが、このことが仕事において「決算書に関わるのはほぼ経理部門のみ」と思われてしまう主要因の1つです。

●しかし、決算書が作成される意義は、利害関係者全員に読んでもらうためです。仕事における利害関係者となると、それはビジネスパーソンのほぼ全員が当てはまります。

●本章では、さまざまな立場のビジネスパーソンたちが、実際の仕事でどのように決算書を活かせるかについて論じていきます。

1 ›› 経理部門でなくても決算書は役に立つ

◆ 「決算書＝簿記＝経理のため」は誤解

決算書は経理部門の社員しか関係しないと思っている方が多いようです。会計については専門部署が担当するもので、それ以外の部署は知る必要がない、と思われている節がありますが、それは大いなる誤解です。

その誤解を生じさせている原因は、「決算書＝簿記」という思い込みです。

◆ 決算書は皆が読むためにある

簿記というのは、簡単に言えば、企業の日々のあらゆる取引（カネの動きやモノの動き）を帳簿に記録することです。その記録した内容を集計して、1年間の結果を取りまとめたものが決算書です。

確かに、その決算書を作成するのは経理部門の仕事です。しかし、決算書をなぜ作るのかといえば、会社の利害関係者たちに読んでもらうためです。その**利害関係者には当然社内の従業員も含まれます**。そのため、

図表 6-1　社内にとっての決算書

取引	▶	帳簿に記録	▶	決算書作成	▶	決算書活用
全部署		経理部				全部署

完成した決算書は、経理部門以外のあらゆる部門で有効活用することができます（図表6-1）。

　有効に活用すれば情報の宝庫である決算書ですが、使い方が分からなければ、やはり単なる数値の羅列に過ぎません。では、決算書をビジネス上の財産に変えるためにはどうすればいいのでしょう？　本章では、具体的な決算書の活用方法を部門別に解説していきたいと思います。

2 >> 営業部門の場合

　法人間取引（BtoB取引）を行う企業であれば、顧客は個人ではなく、企業です。**顧客企業の決算書をもとにどのような会社かを調べることは、「守り」と「攻め」の両面で有効です。**

◆ 与信管理という「守り」の営業

　「守り」とは、自社に損失を発生させないための予防線を張れるという意味です。通常、個人相手の取引（BtoC取引）であれば、商品やサービスを提供した時点で即座に代金を受領することができます。

　しかし、反復連続的に行われるBtoB取引においては、顧客企業に商品やサービスを提供した都度、代金の授受をするのは煩雑であるため、一定期間分をまとめて代金（売掛金）を受領します。そのため、取引の途中で顧客企業が経営危機に陥ったら、商品やサービスを提供したけれ

ども代金（売掛金）が回収できないというリスク（貸倒れリスク）が付きまといます。そのため、信用力がある企業（倒産リスクの低い企業）を顧客として選定し、取引開始後も継続して顧客企業の安全性をチェックしていくことは、BtoB取引では必須です。

このように、代金が回収されないリスク（貸倒れリスク）を低減させる施策のことを「**与信管理**」といいますが、**与信管理で欠かせないのが顧客企業の決算書の分析**です。

たとえば、貸借対照表をもとに自己資本比率や流動比率を計算し、安全性が低くないかどうかをチェックします。また、損益計算書の推移から、継続的に利益を生み出せているかどうかで、将来的な安全性（純資産に与えるインパクト）を推測することもできます。さらに、キャッシュ・フロー計算書で、適切にキャッシュが回っているのか、キャッシュの使い方は健全か、キャッシュ残高が極端に不足していないかを確認することもできます。これが「守り」における決算書の活用法です。

◆ 顧客を知って立ち回る「攻め」の営業

では、「攻め」はどうでしょう。「攻め」とは、顧客を増やして売上を増加させるという意味です。

新規で顧客企業を開拓するとき、ただやみくもに飛び込み営業したり、電話帳の片っ端からテレアポしたりするのでは効率が悪すぎます。やはり、顧客になってくれる可能性が高い企業から攻めていくのが効果的です。

そのような時に役立つのが決算書です。**顧客候補となる企業がどのような経営状態にあるのかを決算書の数値から読み解く**のです。同業他社と比べて収益力は高いのか、キャッシュ余力はあるのかなど、複数の視点で優良顧客となる企業を見分けます。

そして、その顧客が抱えている経営課題を決算書から見つけ出します。もし、見つけ出したその課題が、あなたの会社の商品やサービスで解決できるとしたらどうでしょう？　相手は「渡りに船」とばかりに、喜んであなたの会社に助けを求めるでしょう。

　さらに、相手が気づいてない潜在的な課題やニーズを先回りしてソリューションを提供してあげられるようになれば、もうその企業は、諸手を上げてあなたの会社を信頼するでしょう。

3 ›› 購買部門の場合

◆ 細心の配慮を要する価格交渉

　購買部門の方であれば、コスト削減のため、仕入れ業者と価格交渉をすることもあるでしょう。その際、どのような方法で交渉していますか？

　理由もなく「値下げしてくれ」と言っても、向こうも利益は死守したいでしょうから、突っぱねられるのがオチです。

　では、どのような口実なら相手は値下げしてくれるでしょうか？

　「今期は予算が厳しくてさ、ちょっとだけ負けてくれない？」

　「ごめん！上からの命令なんだよ」

　「来期に埋め合わせするからさ～」

　こんな感じで泣き落としをするのもいいかもしれませんが、相手に「こっちも厳しいんですよ」と言われたら返す言葉がなくなってしまいます。「どっちが厳しいか」を主張し合う水掛け論では全く交渉になりません。

　また、買い手の立場を利用して、

　「値下げしてくれなければ、お宅との取引を中止するぞ」と脅したり、「値下げしてくれれば、取引規模を拡大してあげよう」とエサをぶら下げたりするのもやめましょう。相手先との関係がこじれ、遺恨を残すことになってしまいますし、下請法にも抵触します。

◆ 価格交渉で決算書を有効活用

　ここは、決算書を使ってスマートに交渉に臨みましょう。

まずは類似の商品やサービスを提供している企業の決算書を2～3社ピックアップします。そして、それらの企業の売上高と売上総利益を見て、どのくらい利益を上乗せしているのかを把握するのです。**売上総利益率（粗利益率）を算出すれば、規模が異なる企業でも比較可能**です。そうすれば、どのくらいまで値下げの余地があるのかがおおよそわかるため、実際の落としどころを見据えて価格交渉できます。

　相手としても、数字をもとにロジカルに妥当な値下げを要求されたら、無下に突っぱねられないものです。

　もちろん、他社との品質の違いを盾に突き返されるかもしれませんが、他社と比べてあまりに高い利益を上乗せしている場合は、値下げに応じてくれやすくなる可能性が高まります。

4 >> 経営企画部門の場合

◆ 決算書から会社や業界を把握する

　経営企画部門は、会社の中枢を担う重要な部門です。そのため、会社の数字（決算書）をもとに、今の会社の客観的な経営状況を把握することはもちろん、今後の見通し、業界内での立ち位置、競合相手の動きなどを把握しておく必要があります。

　現代において、単一の商品、あるいは、単一のサービスしか提供していないという会社は稀でしょう。多くの会社が複数事業を同時並行で営んでいると思います。

　そのため、経営企画部門は、経理部門が作成した決算書を細分化し、商品別や事業部別に業績評価し、どの商品・事業が会社全体のけん引役なのか、反対にどの商品・事業が全体の足を引っ張っているのかを客観的に把握することが求められます。**決算書をベースにした数値情報を読み取れば、会社の強み・弱みを把握し、強化すべき事業がどれで、縮小・**

撤退する事業がどれかを選別することができます。

◆ 重大な経営判断の決定や説得の材料として

　会社全体の経営意思決定を左右する重要な役割を担うので、責任も重大です。仮に、特定の事業から撤退するにしても、当該事業部の責任者に納得してもらう必要があります。そんなときも、**決算数値に基づいた客観的な事実が、意思決定の判断材料として説得力を与えてくれるでしょう。**

　ときには、M&Aによって事業を拡大することもあるでしょう。しかし、企業買収という高い買い物で失敗し、業績を悪化させてしまうケースは枚挙にいとまがありません。M&Aをするかしないかも、経営企画部門が必要な情報を集めて、検討します。その際も、仮に買収先として魅力的な会社であっても、買収価格と純資産金額をもとに、のれんの金額を算出し、買収したらのれん償却額がどのくらい発生するのか、というシミュレーションまで検討しましょう。

　決算書や正しい会計知識もとにした数値シミュレーションを駆使することで、経営をより良い方向に導くことができます。

5 ≫ 人事部門の場合

◆ 人件費と機会損失のはざま

　「企業は人なり」という言葉がある通り、企業を動かすのは働いている社員の人たちです。したがって、人を扱う人事部門は組織を司る重要な存在です。

　業種によっては人件費が最も大きなコストとなることがあります。社員数はもちろん、給与水準、昇給幅、賞与支給額をほんの少し変えるだけで、利益に大きな影響が及びます。

　たとえば、各事業部に言われるままに、中途社員の募集をしているケー

スもあるでしょう。業務量が減っているにもかかわらず、「1人退職するから1人補充」と短絡的に要求を出しているだけかもしれません。あるいは、単に自分がラクをしたいから、多めにスタッフを入れようとしているだけかもしれません。

　このようなことが積もり積もれば、無駄な人件費が膨らみ、利益が圧迫されます。特に、正社員の場合、労働基準法によって守られているので、そう簡単に解雇することはできません。野放図な社員の採用で業績が悪化するケースはよくある話です。

　しかし、何の根拠もなく「採用を抑えましょう」「賞与を減らしましょう」と言えば、各事業部と社員らの反発を招くだけです。

　逆に、人手不足が原因で業績が低迷することもあります。

　たとえば、顧客からのニーズが大きく膨らんでいるにもかかわらず、労働者不足によって新規出店ができない飲食業や小売業、必要な工具が確保できずに増産体制に舵を切れない製造業など、売上アップの機会をみすみす見逃すのは非常にもったいない話です。そればかりか、人員補充に成功したライバル企業に先を越され、顧客を奪われてしまうおそれもあります。

　このような機会損失を避けるには、人事部門がきちんと社内の実態をつかんでおく必要があります。

◆ 売上に対する収益と費用を計る

　そのようなときに役に立つのが決算書です。

　自社の決算書と同業他社の決算書を入手した上で、売上に対する人件費の割合や、1人当たりの人件費などを比較し、適正人員数や適正給与水準の当たりをつけるのです。同業他社と比べて社員数が極端に多く、それに対する明確な理由がなければ、どこかで人員がダブついている可能性があります。

　もちろん、社員の数だけでなく、社員の質も同時に高めていかなければなりません。優秀な人材が優良企業と土台となるため、**1人当たりの**

売上高や１人当たりの粗利益で社員の会社への貢献度を計る もの有用でしょう。

　また、合理的な理由もなく１人当たりの人件費が多すぎていたら、給与水準をどこかで見直す必要があるでしょうし、逆に少なすぎていたら、社員の離職要因に繋がりますので、賞与で報いるなどの改善が必要となります。

　高い給与の社員を中途採用するのを控え、既存人員への教育研修などで人材育成することで、トータルの人件費を抑えられるケースもあります。たとえば、大手 SIer のオービックは、営業利益率 50% 超と、業界平均を大きく上回ります。その秘密は徹底した自前主義にあります。実務経験のある中途社員に頼るのではなく、何も知らない新卒社員をイチから育て上げ、開発から販売、保守まですべて自前で賄うことで、トータルの人件費を抑え、高い収益力を実現しています。

◆ 人事部門にこそ会計が求められる昨今の事情

　受け身の人事部門では対応が後手に回り、他社に後れを取ってしまいます。なぜなら、政府からの賃上げ要請や働き方改革の推進、そして国が定める最低賃金の加速度的な上昇など、人事部門が考慮しなければならない事象は増える一方だからです。

　このような経済全体の動きと、決算書及びそれに基づく中期経営計画を十分に理解した上で、適切な人事戦略を能動的に推進していく力が、人事部門には求められるでしょう。

6 >> 製造部門の場合

◆ 製造部門が避けることのできない売上原価

　製造部門においても、決算書を有効に活用することができます。

なぜなら**損益計算書の中の「売上原価」が、製造部門に密接にかかわる勘定科目として存在する**からです。製造業における売上原価とは、製品を製造するためにかかったコストを意味します。つまり、製品を作るのに必要な原材料はもちろんのこと、実際に製造ラインに立って作業している社員の給与（労務費）も含まれます。さらに、製造のための機械装置や建屋の減価償却費、機械を動かすための電気料金も売上原価です。

　売上原価が多額にかかっていれば、売上高からの差し引きで算出される売上総利益（粗利益）が少なくなってしまいます。売上総利益がそもそも小さければ、その後に続く営業利益や経常利益は大きくなりようがありませんので、売上総利益を高めることは会社の収益力を強化する上で欠かせません。そのための重要な役割を担っているのが製造部門だと言っても、過言ではありません。

　もし原材料を無駄に使ったり、不良品を大量に出したりしてしまったら、売上原価が余分に膨らんでしまうので、売上総利益は削られてしまいます。逆に、生産効率を高めるようにオペレーションを見直したり、これまで廃材としていた原材料のロスを再利用したりすれば、売上原価の低減につながり、売上総利益を上乗せすることができます。作っている製品にもよりますが、大量生産に必要な部品1個当たりの原価が1円でも落とせれば、その分だけ会社全体に多大な利益をもたらすこともあるのです。

◆ 現場が決算書を読めるからこそできる利益貢献

　このような**原価低減は、製造現場を知らなければやりようがありません**。製造部門の現場レベルの日々の努力や創意工夫があって、初めて成し遂げられます。

　そのため、**まずは自社のコスト構造がどうなっているのかを把握することが原価低減活動の第一歩**です。売上原価の内訳として製造原価明細書を公表している企業であれば、これが役に立ちます。どのようなコストの比重が重いのか、同業他社と比べて余分にかかっているコストがな

いかどうかを見極めることができるからです。その上で、削減可能なコスト項目に当たりをつけ、具体的な削減策を練って実行に移します。大量生産している製品であれば、ほんの少しの原価低減で驚くほどの効果が得られるはずです。

◆ 適切な設備投資を考えられる

　また、**設備の入れ替えや機械の補修などの設備投資の際にも、会計知識は不可欠**です。通常は多額の支出を伴いますので、支出した金額は有形固定資産にいったん計上されます。その後、減価償却処理を通じて費用計上されていくのが会計上のメカニズムです。そのため、毎年の費用は少額でも長期にわたって計上され続けるので、ボディブローのようにじわじわ収益力を削いでいきます。

　このことを理解した上で、設備を入れ替えることで得られる生産効率と、増えてしまう減価償却費を比較衡量して、本当に入れ替え等が必要なのかどうかを熟考しましょう。

　決算書や減価償却を理解できていない現場に権限委譲した結果、野放図な設備投資が積み重なり、利益率低下に陥った例は多数あります。このような企業の製造部門は、経営層からの信頼を失い、現場レベルの裁量や権限が剥奪される運命にありますので、十分ご注意ください。

7 ≫研究開発部門の場合

◆ 決算書と無関係ではいられない

　一般に、研究開発部門は、決算書とまったく無関係な部門と思われがちです。研究室にこもってひたすら実験を繰り返しているため、研究開発部門のことを「聖域」と揶揄している会社もあるようです。

　確かに、ビジネスとは無縁の部門のようにも思えますが、しかし、営

利法人である企業に属している以上、研究開発の結果で、新たな商品が生み出され、製造プロセスを経て、顧客に販売するという「儲け」に繋がる研究開発活動が、研究開発部門には求められます。

いかに機能的に優れた商品であったとしても、市場のニーズにマッチしない商品を開発していたのでは、まったく儲けにつながりません。また、市場のニーズがあるとしても、多額な製造コストがかかる商品を開発したのでは、十分な利益を上げることができず、最悪の場合は生産中止という憂き目に遭ってしまいます。

研究開発期間は通常、長期にわたることが多いため、1年といった短い期間で成果を求められることはありませんが、中長期的にはかけたコスト以上のリターン（売上）がなければ、社内での研究開発部門の存在意義が失われてしまいます。

◆ 儲けとのつながりが見えないからこそ

研究開発に要したコストは、基本的に損益計算書の「販売費及び一般管理費」に計上されます。そして研究開発のために使ったキャッシュは、キャッシュ・フロー計算書における「営業活動によるキャッシュ・フロー」の減少となります。たとえば、**売上高に対する研究開発費の割合を決算書から算出し、時系列に並べることで、売上高に貢献しているかどうかを確認する**といいでしょう。また、同業他社と比べて、売上高に対する研究開発費の割合が極端に少なかったら、この数字を根拠に研究開発費予算の増額を会社に要求することができるかもしれません。

研究開発の方向性について、会社の方針で方向転換を余儀なくされることもあるかもしれません。**不満を抱えたまま中断するのと、会社の財務状況を理解した上で中断するのとでは、結果は同じですが、かかるストレスは大きく異なるでしょう。**

8 » IR部門（広報、総務）の場合

◆ 自社の決算を説明するIR部門

　大手上場企業の場合は、独立したIR部門を持っていますが、その他多くの上場企業は広報部門や総務部門が、IRの役割を兼務していると思います。

　IRとは、インベスター・リレーションズ（Investor Relations）の略で、企業が自社の財務内容や業績などの投資判断情報を、投資家に向けて発信する活動のことをいいます。投資家向けに、決算説明会などで自社の決算情報を発表するのは、社長や財務担当役員ですが、それを側面で支えるのはIR担当者です。自社の業績や経営の実態・見通しを誤解なく投資家に発信できるよう、決算説明資料を作成し、投資家からの問い合わせに的確に答えられるようにしなければなりません。

◆ 投資者ら利害関係者のために

　IR部門が接するのは機関投資家や個人投資家です。彼らは皆、決算書を読み込んだ上で、より深い内容を問い合わせてきます。問い合わせを受けるIR部門が決算書に関する知識や会計用語があやふやでは、問い合わせに答えられないどころか、質問の意味すら分からないでしょう。

　もちろん、込み入った内容の質問は上層部に聞く必要がありますが、何でもかんでも上層部にお伺いを立てていたら、単に電話を取り次ぐだけの人でしかありません。これではIR部門の存在意義がなく、問い合わせをしてきた投資家からも信頼を失うことでしょう。

　そのため、IR部門の方は、日ごろから決算書に親しんでおく必要があります。筆者がお勧めするのは、**自分が機関投資家や個人投資家の立場になったつもりで、客観的な視点で自社の決算書を分析し、同時に同業他社の決算書と比較してみる**ことです。

投資家目線で決算書を読むと、財務内容や業績についての素朴な疑問（なぜ利益率が落ちているのか？　なぜ他社よりも借入金を増やしているのか？　など）が湧いてくると思います。その**疑問点を事前に他部門へ問い合わせて解消しておくことで、投資家が求める有用な情報を適切に発信することができるでしょう。**

第 **7** 章

ケース別の決算書活用術

本章では、仕事の中で決算書を活用した実際の事例をストーリー仕立てでご紹介します。

　本ストーリーはフィクションですが、私が見聞きしたクライアント企業内で起きた出来事や、決算書を活用しているビジネスパーソンからのヒアリングをもとにしています。

　機密情報のため、固有名詞は変え、細部を脚色したりしていますが、実際に起きた事実を下敷きにしています。ノンフィクションに近いリアルな物語です。

　ぜひ想像力を働かせ、自分だったらどんな活用ができるのかをイメージしながら、読み進めて下さい。

1 ›› 食品素材メーカー営業担当の中村さん

〈舞台〉
とある食品素材メーカーの会社。主な顧客は加工食品メーカー。営業部門内で競争させる方式によって、会社の業績を成長させてきた。

〈登場人物〉
中村：営業部社員。入社8年目。実直で業界研究に余念がない。
渋谷：営業部社員。入社7年目。中村がOJT指導した後輩だが、近年やや天狗になりがち。
黒崎：営業部長。顧客第一主義かつ売上至上主義。

「申し訳ございませんが、その条件は受け入れられません」

中村は静かに電話を切った。

得意先のMIS食品から、代金支払いの期間を延ばして欲しいという依頼があったのは先月のことだ。現状は「月末締め翌月末払い」だが、契約内容を変更し、「月末締め翌々月末払い」にして欲しいという依頼だった。これを受け入れれば、売掛金の回収が1ヶ月遅くなることになる。

MIS食品は大手の加工食品メーカーで、当社とは古くからの付き合いがある会社だ。大切な顧客ということもあり、中村は要望に応えるかどうかを思案してきたが、結局、その依頼を断ることにした。

その翌日。MIS食品から営業部長の黒崎宛に電話が掛かって来た。何の用件かについて中村には容易に想像できた。

「それはそれは、大変失礼なことを申しまして…はい、大変申し訳ございません。本人にはよく言って聞かせますので。ええ…。はい…。では、今後はそのようにさせていただきます」

中村の席は部長席の近くにあり、会話の内容は否が応でも聞こえてくる。電話を切った黒崎は即座に中村を呼びつけた。

「おい、中村！ 何てことをしてくれたんだ」

嫌な予感が的中した。MIS食品との取引ルールについては自分に裁量が与えられているが、やはり黒崎に相談しておけば良かったと悔やんだ。しかし、黒崎にMIS食品の要望を断る理由を説明しても反対されることは目に見えていた。黒崎は大口かつ付き合いの長い顧客を大事にするあまり、後先を考えずに顧客の要望を受け入れがちだからだ。案の定、中村は黒崎から「顧客をないがしろにした」と叱責を受けた。中村は自身の判断について改めて説明を行ったものの、黒崎の怒声は止まない。

「もういい。今日から、MIS食品の担当をお前から渋谷に変更する。向こうの担当者はカンカンだぞ。MIS食品はうちの上得意客だ。あそこから信頼を失えば今期の売上目標も危うくなる。信頼回復のため、担当者を変更して乗り切る。渋谷に業務引継ぎをしておくんだ。分かったな」

黒崎は不愉快だといわんばかりのまなざしを中村に浴びせつつ、席を立った。

渋谷は、中村の1年後輩にあたり、ノリの良さと口のうまさで、部長からかわいがられている。そうした態度が顧客にも評判のようで営業成績も良く、営業部次長候補の呼び声も高い。そのことは本人も自覚しており、先輩の中村を飛び越そうと、躍起になっている。

当社は営業担当同士を競い合わせることによって、売上を伸ばしてきた。先輩だろうが後輩だろうが関係ない。営業成績の良い者が出世する職場であるため、実力勝負であるのは中村も十分承知している。しかし中村は、渋谷に対して複雑な感情を抱いている。

　今からさかのぼること7年前、渋谷が新入社員として営業部に配属されたとき、OJT担当として最初に営業のイロハを教えたのが中村なのだ。

　右も左も分からない渋谷に、電話のかけ方、アポの取り方、効果的な商品説明方法、クロージングのためのトークスクリプトなど、手取り足取り教え込み、渋谷も素直に付き従ってノウハウを会得していった。

　中村の指導の甲斐もあり、渋谷の営業成績は同期と比べても優秀だが、それゆえか次第に彼は傲慢さや不遜な態度が見受けられるようになった。中村に対しても新入社員当時の恩を忘れたかのように、陰で悪口を吹聴しているのを、中村は知っている。出世の邪魔者とみなし、その足を引っ張って、自分が上に先んじようと考えているのだろう。飼い犬に手を噛まれたような虚しさもあるが、何よりもその曲がった性根が気に入らない。渋谷をこのまま好きにさせておけないと、中村は日頃から思っていた。

　そんな渋谷に、当社の得意先であるMIS食品の担当を譲る。こんなに屈辱的なことは他になかった。

　社内の小さめの会議室に、中村と渋谷は向かい合って座った。

　「先輩、すいませんね〜。MIS食品を譲ってもらっちゃって。なんか申し訳ないな〜。でも黒崎部長の命令だから仕方ないか」

　言葉とは裏腹に、申し訳なさなど微塵も感じさせない渋谷の態度で、はらわたが煮えくり返るような気分になった。渋谷はこれで中村を追い抜いたと思っているのだろう。いつにもまして不遜な態度が目立つ。

　腹立たしい限りだが、仕事だから引継ぎはしっかりやらなければならない。中村は気を取り直して話を始めた。

　「黒崎部長から聞いてると思うが、先月、MIS食品から支払いサイトの延長の依頼を受けた。俺は考えた末に丁重にお断りしたが、多分また言ってくると思うから気をつけろよ」

　「でも、MIS食品の頼みなら別にいいんじゃないですか？」

　能天気な渋谷の態度に、中村はまた腹が立ってきた。

「何言ってんだよ。そんな単純な話じゃないだろ！MIS食品の決算書を見たか？」

「もちろん見ましたよ。売上高は前年比5%アップ、利益も黒字を維持している。この不況の中、たいしたもんですよ。あんな優良企業手放しちゃだめですよ。…って言っても中村さんは手放しかけたんでしたね。アッハッハッ」

こみあげてくる怒りを抑えて、冷静に中村は話を続けた。

「確かに売上は伸びている。しかし、それに比べて営業利益は伸び悩んでいる。そこにきて、今回の支払いサイト延長の依頼だ。これは何かあるに違いないぞ。流動比率は100%を割っているし、自己資本比率も22%しかない。サイトの延長は断るべきだ」

「でも、黒崎部長は了承していいって言ってるんですよね？」

「ああ、そうだ。でも、あの人は今期の売上目標のことしか頭にない人だ。今回の件も、断った理由を丁寧に説明したが、まったく理解してくれなかった」

真剣に話す中村だが、渋谷の態度は相変わらず緊張感がない。

「黒崎部長がいいって言うならいいじゃないですか〜。…あっ！分かった！中村さんはMIS食品を僕に取られて妬んでるんでしょ。それで僕にもヘマさせようとしてるんだ。甘いな〜。その手には乗りませんよ。『営業の世界では顧客に嫌われたら負け』ですからね」

かつて渋谷が新入社員の頃、中村が教えた言葉だ。知ってて言ってるなコイツ、と中村は思うと同時にこのやり取りにうんざりしてきた。

「勝手にしろ！俺は反対したからな。反対したって議事録はちゃんと残しておくからな。いいな」

もう何を言ってもダメだと思っ

た中村は、捨て台詞を吐いて会議室を後にした。

　そして担当が渋谷に代わってから数ヶ月が経った。

　MIS食品に対する売上は順調に伸びていった。当社の顧客別売上ランキングでも、MIS食品は上位に食い込むようになった。周囲は、営業担当の渋谷を褒め称え、次長への昇進も疑いようがない雰囲気だった。

　しかしそんな中、「MIS食品の手形が不渡りになる」という報告が舞い込んできた。手形の不渡りとは、預金残高の不足により、発行した手形の決済期日にお金が落ちなかったことをいう。手形の不渡りを起こせば、事実上の倒産が目前となる。

　MIS食品に電話をかけても、通話中で一向につながらない。向こうの担当者の携帯電話もつながらない。社内に緊張が走った。

　「おい！渋谷！どうなってるんだ！MIS食品の手形が不渡りになるなんて予想できなかったのか⁉　ちゃんと財務内容をチェックしてたのか⁈」

　黒崎はMIS食品との取引継続を指示した自分を棚に上げ、渋谷を厳しく追及した。

　「えっ？　だってこの前、部長がいいって…」

　うろたえる渋谷が必死に言葉を絞り出しても、黒崎の怒声は止まない。

　「言い訳するな！担当はお前なんだからお前の責任だ！今すぐMIS食品に行って社長を捕まえてこい！売掛金が回収できなかったら大損害だぞ！」

　MIS食品に対する売上が増えたことに加え、渋谷と黒崎の判断で支払いサイトを1ヶ月延長してしまったことで、当社のMIS食品に対する売掛金（未回収の販売代金）は巨額に膨らんでしまった。

　MIS食品からの売掛金回収を当てにしていたため、全額が回収できないとなると当社の資金繰りは一気に悪化する。

　もはや営業部内で留められる話ではない。経営陣にも今回の件がすぐ

さま伝えられた。もちろん、渋谷や黒崎の判断でこうなったことも。

　程なくして MIS 食品は、法的な倒産手続き入った。しかし当社は初動が早かったため、売掛金の 8 割まで何とか回収することができた。2割の損害は被ってしまったが、状況から考えて、その程度で済んだのは幸いだった。そのきっかけを作ったのは、なんと前任の中村だった。

　中村は MIS 食品の担当からは外れたものの、引き続き MIS 食品の財務状況を詳細にチェックしていた。そして MIS 食品の経営不振に気付いた中村は、プライベートでもつながりがあった MIS 食品の元社員から内部情報を随時入手していたのだ。中村が他社より早く MIS 食品の経営不振情報を入手したおかげで、他社に先駆けて売掛金を回収できた。だからこそ、貸倒れの損害額は最小限で済んだといえる。

　では、なぜ売上が伸びていた MIS 食品は破綻したのか？　その理由はこうだ。

　MIS 食品は、売上高の成長性を重視していた社長の方針により、値引きや販促費など多額のコストをかけて売上高を支えていた。だから売上高の増加の割に、実のところ営業利益は低迷していたのである。また、顧客の新規開拓に積極的になるあまり、代金回収まで手が回らなくなり、資金繰りは徐々に悪化していた。恐らく、無茶な押し込み販売もあったのだろう。MIS 食品のキャッシュ・フロー計算書を見ると、キャッシュ残高が減少しており、銀行借入れなどで何とか賄っている状況だった。

　そして MIS 食品は資金繰り改善のため、当社を含む複数の仕入れ業者に支払期限の延長を申し込み、支出のタイミングを遅らせようと動いていたのである。しかし、ほとんどの仕入れ業者からことごとく断られ、ようやく応じてくれたのが当社だけだった。だから他社からの仕入れを減らし、その代わりに当社からの仕入れを増やしていったのだ。

　つまり、当社の MIS 食品に対する売上が増えていたのは、単にMIS 食品にいいように使われていただけなのである。

　今思えば、MIS 食品が当社に怒りの電話をかけてきたのも、切羽詰まっ

た状況に追い込まれ、当社が最後の頼みの綱だったからだろう。もしかしたら、黒崎に会計知識がないということも、知っていた上での作戦だったのかもしれない。

　この一件で、渋谷が次長候補から外されたのは言うまでもない。代わって候補の筆頭になったのは、事態の収拾に貢献した中村だ。

　始末書を書いている渋谷の横で、中村はこう言い放った。

　「だから俺が言っただろう、サイト延長は断れって。断ってれば貸倒損失はもっと少なくて済んだんだぞ？」

　渋谷はうなだれるしかない。もう反論する気力も残っていない。会計をなおざりにした自身の浅慮と無知を嘆いても、もう後の祭りだった。

　黒崎も社長をはじめ経営陣からこっぴどく叱られた。財務会計に関する知識のなさが経営陣にバレてしまったのだから、黒崎も立つ瀬がない。あれほど大声を張り上げていた部下に対する態度も、すっかり鳴りを潜めてしまった。

　会社としては、社員の財務会計に関する知識不足がはじめて露呈した結果になったため、社長の掛け声によって、営業部全員に決算書の読み方の研修を受けさせることにした。もちろん黒崎も、20歳以上年下の若手営業担当に混ざって研修を受けさせられたのである。研修後に行われる理解度テストの点数が悪ければ部長降格らしい。そんなこともあって、黒崎は必死に勉強している。

　黒崎部長と渋谷さんは、売上や利益は分かっていても、財務的な安全性（第2章の3および4参照）をチェックする視点が欠けていたようですね。

　業績が好調なことと、財務的に安全かどうかということは、別の話です。実際、売上高が伸びているのに倒産する例はあります。今回は中村さんの活躍で損害を最小限に留めることができましたが、ひどければ得意先の倒産の影響で自社も倒産するという「連鎖倒産」にもなりかねません。

　特に、企業（法人）相手の取引（BtoB取引）においては、信用取引が前提となり、代金は後回収が一般的ですので、顧客企業の財務内容が健全かどうかはきちんと見極めなければなりません。

　それは、損益計算書だけ見ていたのでは、決して分からないことです。「営業の仕事は代金を回収するまで」とよく言われます。いくら顧客に商品を販売しても代金の回収ができなければ、ビジネスとして回っていないことになるからです。

　であるにもかかわらず、営業担当の評価を売上実績だけにしてしまっている会社は意外に多いものです。確かに分かりやすい評価軸ではありますが、そのような評価軸だけだと、営業担当は「代金回収は経理部の仕事」と、どこか他人任せになってしまい、当事者意識が薄れてしまいます。

　得意先の機微をいち早く発見できるのは、そこに出入りしている営業担当です。財務的に危険な状況にある会社は、社内の雰囲気がピリピリしていたり、経営幹部が突然退職したり、多くの社員がやつれた顔をしていたり、どこか普通じゃない雰囲気を醸し出しています。

　そのような定性情報を感じ取った上で、決算書などの定量的な情報を分析してみると、今回の中村さんのように危険な兆候を察知することができるでしょう。

2 ›› ホームセンター勤務の柳井さん

〈舞台〉
地方都市で多店舗展開しているホームセンター。業績は好調だが、資金繰り
に課題を持っている。
社長はワンマンであるものの、圧倒的なカリスマ性で会社を急拡大させた経
営手腕を持つ。日頃から、会社の数字に意識を向けるようにと、社員に伝え
ている。
〈登場人物〉
柳井：電動工具売り場担当。入社２年目で大学時代に会計を学んでいた。
塩沢：柳井の上司である店長。穏やかで優しい人柄だが押しに弱い。
大嶋：塩沢らの店舗を統括するエリアマネージャー。店長らに厳しく接する。

「値引きして売りましょう」

段ボール箱に無造作に入れられた、たくさんの電動工具を眺めながら、柳井が言った。

本部からの通達で、全店で在庫削減の徹底が言い渡されたのが３日前。在庫データを調べたところ、柳井が担当する電動工具売り場の在庫が異常に多いことが判明し

た。その原因は、店頭での展示品で傷物になった電動工具たちである。

電動工具はホームセンター内でも高単価で利益率も高い商品だ。長年、販売促進のために、店舗内で展示し、お客さんに手に取ってもらうという施策をしていた。そのかいあって、電動工具はよく売れた。しかし、展示品には傷がつき、定価では売れないため、やむなくバックヤードの段ボールにしまわれる。エリアマネージャーである大嶋が展示見本を推奨しながら、値引き販売を認めない方針を掲げていたため、売るに売れ

ない展示品がどんどん積み上がっていったのである。それは柳井が入社する前からの悪しき慣習で、他の店舗も同様だった。

「柳井くん、本当に値引きして大丈夫？」

店長の塩沢が不安そうに尋ねる。

「大丈夫です。僕に任せて下さい」

柳井の頭の中には、会計理論を駆使した勝利の方程式がすでに出来上がっていた。

翌日から、電動工具売り場で例の不良在庫の値引きセールが始まった。傷物であるものの、高額な電動工具が割安で買えるということもあって、飛ぶように売れた。結果、不良在庫は1ヶ月で一掃された。

翌月、定例の業績報告会出席のため、塩沢と柳井は本社に向かった。会議室には、店長とエリアマネージャー、そして経営陣が居並ぶ。毎月緊張するこの会議ではあるが、塩沢はいつになく心臓の鼓動が聞こえそうなくらい、酷く緊張していた。なぜなら先月の値引き処分セールで自店の月次決算が大赤字だったからだ。会議室入り口で渡された、店舗別の売上・利益が一覧になった配布資料に目をやると、他の店舗はいずれも黒字である。

「柳井くん、ヤバいよ～。赤字なのうちの店だけだよ～」

思わず柳井に弱音を吐く塩沢だったが、柳井は何か考え込んでいるようで反応しない。もしや責任の取り方まで考えているのではないかと塩沢は感じた。塩沢から見て、柳井は入社2年目とは思えないほどしっかりした社員である。だからこそ先月の値引きセールの提案も塩沢は受け入れた。おかげで在庫削減も大幅に達成できた。そのことに後悔はないが、もし柳井が赤字の責任を感じて退職するとなれば、自店としても会社としても大きな損失であると塩沢は考えている。値引きセールを言い出したのは柳井だが、最後に決めたのは自分。いざとなったら自分が覚悟しなければ…。

塩沢の思いを知ってか知らずか、何も返事をしない柳井の姿は、塩沢

の不安を一層増幅させていた。

　業績報告会が始まった。店長以上の者が会議室のメインテーブルに着き、柳井たちそれ以外の社員はオブザーバー席に移動している。

　各店の店長から順番に、月次決算の報告が行われる。当然、決算内容に芳しくないところがあればその理由の説明が必要だ。いや、説明したところで叱責されるのが目に見えている。それがこの会社の社風だ。利益至上主義で、前月よりも増えていて当たり前。減るのは許されない。赤字なんてもってのほかだ。すべての店長が増益を求められ、地域別で複数店を統括するエリアマネージャーも目を光らせている。それが自分の評価に直結するからだ。

「次、塩沢」

　社長の冷たい声が会議室に響き渡る。

　塩沢はその声で身体に電気が走ったようだった。ぎこちなく立ち上がり、手元の資料に目を落としながら話し出した。とても顔を上げられない。

　「え〜、先月の売上は前年同月比で3%上昇。そして、利益は…利益は…力及ばず赤字になってしまいました。その要因は、電動工具の販売において値引きセールを行ったことかと…」

　塩沢が何とかそこまで言ったところで、エリアマネージャーの大嶋がすかさず口をはさんだ。

　「値引きセールは私の指示ではありません。塩沢の単独行動です」

　本来は店長をかばう立場のエリアマネージャーだが、この大嶋は自己の保身を第一に考えていて、立ち振る舞いだけはうまい人間だった。これまでも数々の責任逃れで出世の階段を順調に上ってきた。このため統

括店舗の店長以下、部下たちにとって煙たい存在でもあった。今回も自分に火の粉が降りかかりそうなのを瞬時に察知して、責任逃れをしようとしているようだ。

「なぜ値引きセールをした？」

社長の冷たい声が、塩沢の胸にぐさりと突き刺さる。

塩沢は背中にどろっとした汗を感じた。気まずい空気が流れ、返す言葉に窮していたところ、オブザーバー席に座っていた柳井がいきなり立ち上がった。

「失礼いたします、本件について発言してもよろしいでしょうか？」

「おい！オブザーバーに発言権はないぞ」

大嶋が間髪入れずに制止した。

「まあ、よいではないか。君は塩沢の部下だったね。何か言いたいことがあれば言ってみなさい」

社長はこの若手社員に関心を持ったらしく発言を促した。

「ありがとうございます、社長。私は塩沢店長の下にいる柳井と申します。実は電動工具の値引きセールを言い出したのは私です。その理由をご説明します」

会議室の出席者たちにどよめきが起こった。利益至上主義のこの会社において、自ら赤字の原因を作ったなどと発言する社員は滅多にいないからだ。ただ社長だけは顔色を変えず黙っている。

「実は、当店では電動工具は大量の不良在庫があったのです。なぜかと申しますと、展示品としていたため、売るに売れない傷物商品が、不良在庫として長年にわたってバックヤードに眠っていたからです。この件は、大嶋エリアマネージャーもご存じですよね」

「え？ …あ、ま、まあ、うん。」

突然話を振られた大嶋が、イエスともノーともつかない返事をする。

「ご存じないわけございませんよね。その指示をしたのは大嶋エリアマネージャーご自身でしたから。恐らく他店でもそのような指示をされ

ていたかと思いますが、他店の方々はいかがでしょう？」

　急に話を振られた他店の店長たちは一様に驚いたが、やがてお互い顔を見合わせながらうなずいた。

　柳井は言葉を続けた。

　「商品は売らない限りは貸借対照表に資産として計上され続けます。ただ、我が社では棚卸しの際に、数は数えますが、品質についてはチェックしておりません。

　このため、単価が高い電動工具をバンバン展示して、売上や利益を伸ばしてきました。これも大嶋エリアマネージャーの方針です。展示した電動工具に傷がついても在庫として抱えている限りは、損益計算書は一切痛まないですからね。

　つまり、大嶋エリアマネージャーの指示のもと、損失の先送りを長年続けてきたのです。損失の先送りをすれば、統括する店舗の業績は良く見せることができます。当然、エリアマネージャーの評価も上がるでしょう。もしかして、大嶋エリアマネージャーはそのからくりを知っててご指示を出していたのではないですか？」

　大嶋はうろたえた。明らかに自分にとって不利な方向に話が進んでいる。

　「そ、そんなの知るわけないだろう！」

　「なるほど。このような会計の仕組みをご存じないと。では、傷ついた電動工具を段ボールにしまい込んで、その後どうするおつもりだったのですか？　定価では売れないし、捨ててしまえば除却損として損益計算書に多額の費用が載ってしまいます。

　ですから私は値引きセールに踏み切ったのです。損失を少しでも和らげる意図もありますが、本当の目的はこれまでに溜まりに溜った膿を吐き出すことです。たとえ

傷物の展示品でも、その都度若干値引きさえすれば売れたものの、長年バックヤードに放置された商品は、型落ちになってしまい、大幅な値引きしないと売れなくなります。

そうした損失の先送りを片付けない限り、我が社の資金繰りは一向に改善されないと思うのですが、いかがでしょうか？」

会議室内がシーンと静まり返った。柳井による非の打ちどころのない説明で、大嶋はぐうの音も出ない。

突然、会議室の一角から拍手が響いた。

「おみごと」

拍手と誉め言葉により、沈黙を破ったのは社長だった。

「柳井くんとやら、よくぞ見抜いてくれたな。実は全社に在庫削減の指示を出したのは、そのような膿があるんじゃないかと睨（にら）んだからなのだよ。全社ベースで在庫が毎月増えていってたからな。おかしいと思っていたんだ。」

社長は全体に向き直り、さらに続ける。

「全店の店長、すべての在庫を品質含めてチェックしてほしい。定価で売れない商品があれば、半値で処分しなさい。実態が見えない月次決算など無意味どころか、経営判断を誤らせる諸悪の根源！今後、不良在庫の保持は一切禁ずる！」

社長の鶴の一声に対して一瞬の間があった後、定例会の参加者たちは大きく返事をした。そして社長は、大嶋の方に視線を向け、ゆっくりと、そして重々しく口を開いた。

「さて、大嶋。日頃から言っているだろう。会社の数字に意識を向けろとな。売上や利益だけのことを言ってるんじゃないぞ。損益計算書も重要だが、貸借対照表も同じように重要。数字が読めない奴はエリアマネージャー失格だ。早々に人事から辞令を出させるから待ってなさい」

大嶋は唖（あ）然としている。頭の中で、今まで誤魔化してきた虚飾がガラガラと音を立てて崩れていることは想像に難くない。そんな大嶋を尻目

に、柳井は周囲に悟られないよう、塩沢に向かって小さくガッツポーズをした。塩沢も、それに応えるように小さく微笑んだ。

　社長の号令の下、全社の不良在庫は一掃された。結果、この年について会社は大幅な業績下方修正を余儀なくされた。しかし、翌年は見事にＶ字回復。経営実態が正確に把握できるようになったことが奏功し、社長の采配が当たりに当たったからだ。

　この一件を機に、柳井が社内から一目置かれる存在になったのは言うまでもない。

　ちなみに、例の電動工具の展示による販促は、今も継続して行われている。しかし、以前とは違って、不良在庫はまったく出なくなった。

　そのからくりはこうだ。

　今までは、金属の什器に無造作に展示されていたため、電動工具と什器がこすれて傷物になっていた。ほとんどの原因はそれだけだったのである。そのため、什器にゴム製のカバーをつける対策をした。これによって、簡単に電動工具の傷を防ぐことができたのだ。

　実はこのアイディアも柳井の発案だ。言われてみれば何てことはない施策だが、これまで誰も何も対策をしてこなかった。たとえ不良在庫になっても売上にも利益にも影響が及ばないから、損益計算書しか見ていない者にとっては、対策をしようという発想すら浮かばなかったのである。

　柳井さんは、「費用収益対応の原則」（第5章の2参照）を知っていたからこそ、このような指摘ができたと言えます。

　商品の仕入れ値は、「売上原価」として損益計算書に費用として計上されます。しかしそれは、その商品が顧客に販売された場合に限ります。売れ残った商品は、貸借対照表に「棚卸資産」として計上され続けるのです。販売されて（売上が計上されて）初めて「棚卸資産」が「売上原価」になる、これが「費用収益対応の原則」です。

　通常は、価値が下落した商品については評価損を計上しますが、この会社ではきちんと在庫の評価をしていなかったのが盲点でした。

　大嶋エリアマネージャーはこのような盲点を悪用したのかもしれませんね。

　でも、不良在庫を放置していたら貸借対照表に計上される棚卸資産は増える一方で、いびつな財務諸表となってしまいます。当然、棚卸資産に計上されている分だけ資金が寝てしまいますので、資金繰りも悪化し、最悪の場合には黒字倒産となってしまいます。

　ここまで先を読めたのは、柳井さんの会計スキルのなせる業です。

3 ›› システム開発会社で働く浅野さん

〈舞台〉
都内のシステム開発会社 CCA ソリューションズ。主な顧客は上場企業で、顧客の要望に応じ、フルスクラッチでの様々なシステム開発をする。競合他社がひしめき合っているため、いかに多くの案件を受注できるかで会社の将来性が左右される。近年は、受注数を追いかけすぎて、他社との価格競争に陥っているのが課題。

〈登場人物〉
浅野：CCA ソリューションズのシステムエンジニア。産休・育休明けの女性管理職。
佐藤：CCA ソリューションズの営業部社員。実質的な浅野の部下。
石熊：元 CCA ソリューションズの社員。競合の宇賀島コンサルティングに引き抜かれた。

「こんな高い見積金額で本当にいいんですか？　もう少し値下げした方がいいかと…」

佐藤が、おどおどしながら浅野に聞いた。

「大丈夫よ。私に任せなさい。この案件、絶対に受注するから」

自信満々に答える浅野は、颯爽とタクシーを捕まえ、佐藤を引き連れて、アパレル販売の J&A ホールディングス社に向かった。

浅野は、新人の頃から自信に満ち溢れていた。もちろん、それを裏付けるように、仕事をバリバリこなしていた。一時期、産休・育休に入ったことで仕事への取り組み方が変わるかと思いきや、休んでいた分の遅れを取り戻すようかに、ハイスピードで仕事に取り組んでいた。

今回の提案も、浅野が自ら名乗りを上げた。これまでシステムエンジニアとしてキャリアを積んできた浅野は、仕事の幅を広げるには営業同行も必要と考え、営業部門の佐藤と組んで外回りもするようになったのだ。といっても、入社年次は浅野の方が上なので、周囲からは浅野が佐藤を引きずり回しているように映っている。

今回の案件は、J&A ホールディングス社の EC システムの構築である。佐藤からの情報によれば、これまでは外部のプラットフォームを使ってインターネット販売をしていたが、事業規模拡大に伴い、独自の EC システムを使って直接販売する必要性を感じているらしい。

　当初、この案件の提案は当社だけだったはずが、途中からライバルの宇賀島コンサルティングも提案することになったらしい。J&A ホールディングス社の管理本部長がキーマンとなるが、どうやらシステム導入にはそれほど前向きではなく、システム導入自体が見送られる可能性もある。受注確度としては 25% ぐらいだろうと佐藤は読んでいた。

　浅野と佐藤が J&A ホールディングス社に到着すると、エントランスに意外な人物がいた。先月まで CCA ソリューションズの社員だった石熊にばったり出くわしたのだ。浅野は直接面識がないものの、佐藤は石熊と同期入社のため、お互い見知った仲だった。

　「おー、佐藤じゃないかー。ひっさしぶり〜。」

　「お前…石熊?! なんでこんなところに？」

　佐藤が驚きの声を上げた。石熊は口元に笑いを浮かべつつ、こう切り返した。

　「今さっき、ここの会社にプレゼンしてきたんだよ。EC システムの構築の件で」

　佐藤はハッと息を飲んだ。

　『宇賀島コンサルティングにも声をかけているとは聞いていたが、そのコンペ相手が石熊だったのか…』

　石熊は CCA ソリューションズの若手のホープとして、上層部からも目を掛けられていた。ところが入社して数年で、あっさりライバルの宇賀島コンサルティングに引き抜かれ、転職してしまった。噂では、1.5

倍の年俸を提示されたらしい。

　宇賀島コンサルティングは大手金融グループ系列のシステム開発会社で、業界トップクラス。CCAソリューションズとは顧客を奪い合う最大の競合相手だ。業界内では「引き抜き」はタブー視されている。明確な契約上の縛りはないが、業界内の紳士協定というやつだ。宇賀島コンサルティングは親会社からの豊富な資金援助があるため、金にものを言わせて、水面下で引き抜きを繰り返しているらしい。元をただせば紳士協定を持ち掛けてきたのは宇賀島コンサルティングであるにもかかわらず、である。「引き抜きではない。本人の意向だ」と言い張る宇賀島コンサルティングの姿には、もはや「紳士」のカケラもない。

　「お二人さんもこれからプレゼンですよね？　コンペはうちと御社の2社だけみたいですよ」

　石熊が平然と言ってのける。これを聞いた佐藤は何かに気づいたようにアッという顔を作り、続いて青ざめながら石熊を問いただした。

　「さ、さては、お前、うちの会社の機密情報を持ち逃げしたな！」

　「は？　佐藤くん、何言っちゃってんの？」

　「J&Aホールディングス社がECシステム導入を検討していることは、うちしか知らないはずだ。どうしてお前の会社が提案できるんだ？　それに、うちが提案することも外部のお前が知り得るわけがないだろ。横取りは卑怯だぞ！」

　「佐藤くん、人聞きが悪いな〜。あそこの管理本部長は俺の大学時代の先輩なんだよ。だから、情報はすべて俺に筒抜けってこと。つまり、このコンペは出来レース。お前は単なる当て馬なんだよ、あ・て・う・ま。ま、せいぜい頑張れよ」

　返す言葉がない佐藤の横を、石熊は颯爽とすれ違った。

　浅野は、意気揚々と歩く石熊の後ろ姿と、茫然と立ちつくす佐藤の姿を交互に眺めた。

　「大丈夫よ。私に任せて」

うなだれる佐藤の肩に手を置きながら浅野は言った。佐藤はうつむいたまま浅野に目を遣る。

「でもどうやって？　悔しいですけど、今回はもう、どう考えてもうちの負けですよ」

「可能性はゼロじゃないわ。単なるかく乱作戦かもしれないし。ここでうろたえたら彼の思う壺よ。私たちは、私たちの使命を果たすの」

「そんなこと言っても、勝算はあるんですか？」

「なに弱気になってるの！しっかりしなさい！あいつを見返してやりたくないの？」

　佐藤の肩に置かれた手に力がこもった。

「あっちは裏ルートの情報を使ったみたいだけど、こっちは表ルートの情報で戦うわ。公表されているJ&Aホールディングス社の決算書を徹底的に分析したの。これが私たちの武器よ。まあ見てなさい」

　佐藤の肩から手を放した浅野はきびすを返し、ヒールの音を高らかに鳴らしながら、一直線にJ&Aホールディングス社の受付に向かった。佐藤もあわてて浅野の後を追った。

　2人は、ダークブラウンの木目調で統一された、重厚なつくりの会議室に案内された。昨夜、浅野がパワーポイントで作り上げた提案書を手に、管理本部長が来るのを待つ。テーブルの上の、いかにも高級そうな置き時計が音も立てずに秒針を回している。すでにアポの時間から5分ほど過ぎていた。

　ガチャッという入り口のドアが、会議室の静寂を破った。強面の管理本部長が、ズカズカと会議室に入ってきた。遅れたことを詫びることもなく、ドカッと椅子に腰を下ろした。

　管理本部長の態度を見た佐藤の脳裏には「やっぱり出来レースなのか？」という思いがよぎった。だが浅野は意に介さず、毅然と話を始めた。

「本日は貴重なお時間を頂きまして、ありがとうございます。早速ですが、今回のECシステム導入について、弊社からの提案の説明をさせ

ていただきます。」

　浅野が、提案の背景、プロジェクトのゴール、開発の進め方や機能の説明などを、資料に沿って説明する。管理本部長は、浅野の話とは無関係に、渡された提案資料をパラパラとめくる。浅野の話を右から左へ流しているようだ。そして、最終ページの「お見積金額」を開いたところで動き止めた。鉛のような目玉をカッと見開き、眉間にしわを寄せる管理本部長の顔を見て、佐藤は冷や汗をかいた。

　宇賀島コンサルティングの石熊は、先月までCCAソリューションズにいた。当然、こちらが見積を出すときの相場観を知っている。石熊はそれを見越して若干低い金額で見積を出してきているだろう。それに対し、今回浅野が出した見積金額は、いつもより高めの金額だ。価格面ではすでに負け確定である。

「さて、ここからが本題です」

　浅野が声のトーンを上げた。佐藤はふと我にかえった。管理本部長も思わず浅野の方に視線を上げた。

「御社の売上はすでに一定の規模を超え、すでに業界内でも上位に食い込んでいる状況です。シェア拡大という第一の目標はクリアしているかと思います。しかし、順風満帆に見えて、実は収益力の低迷にお悩みなのではないでしょうか？　私が調べたところ、同業他社と比べて5ポイントほど営業利益率が低い状態が続いているようです」

　佐藤は内心焦った。浅野の分析がJ&Aホールディングス社の要望についてではなく別の問題点を指摘するもので、先方の心情を悪くするのではないかと思ったのだ。思わず前に座る管理本部長に目を向けるが、管理本部長は浅野

をじっと睨んだまま動かない。

「今回の EC システムの導入は、表向きは売上規模の拡大かもしれません が、収益力を強化したいという意図の方が大きいかと思います。これまでは外部のプラットフォーマーに、仲介手数料として売上の 30% をお支払いされているかと思います。30% というのは御社の損益計算書からの推算ですが、大きく外れてはいませんよね？」

一瞬、管理本部長の目がまた見開いた。しかし先ほどの不機嫌一色の目ではなく驚きの色合いが濃い。浅野の分析がズバリ当たったのかもしれない。

「今回、自社でのシステムに乗り換えることで顧客離れが起きる恐れがあるかもしれません。しかし、弊社が手掛けた他社事例と御社の知名度から推察するに、その影響は軽微です。

今回の弊社からのお見積額は他社よりも高いかもしれません。しかし、その金額は無形固定資産に計上されますので、耐用年数を 5 年とした場合の年間の減価償却費、つまり利益への影響額は 5 分の 1 で済みます。年間のコストで考えれば、プラットフォーマーに取られている仲介手数料と比べて、わずか 3 分の 2 で済みます。つまり、売上規模はそのままで、営業利益を上昇させることができるため、御社の課題である収益力の回復は十分できます」

いつの間にか、管理本部長が姿勢を正して浅野の話を聞いている。

「私の試算によれば、広告宣伝費を 20% 増やしても営業利益率は目標数値を維持できるので、プロモーション活動を強化して、これまで手薄だった若年層にもリーチできるでしょう。弊社ではネット広告の代理店もやっているため、最適なプロモーションのお手伝いもできます。

また、キャッシュ・フローの面から見てもメリットがあります。今回の支出は投資活動によるキャッシュ・フローのマイナスになるものの、これまでかかっていた仲介手数料がなくなるため、その分、営業活動によるキャッシュ・フローが増加します。3 年連続で営業活動によるキャッシュ・フローが減少している御社にとっては、V 字回復のチャンスです」

管理本部長がうなずく様子を佐藤は見逃さなかった。

「さらに、御社が重視しているフリー・キャッシュ・フローが痛まないように、システム開発のお支払いタイミングを調整することも可能です。各年度に支出を振り分けて影響を最小限に留めましょう」

理路整然と説明する浅野のプレゼンを聞き、管理本部長の態度が開始時点から明らかに変わっていた。横で見ていた佐藤はあっけに取られた。

浅野がひと通りの説明を終えると、管理本部長は静かに口を開いた。

「よく分かった。では、その金額で御社に発注するよ」

「え？　いいんですか？」

思わず佐藤は素っ頓狂な声を上げてしまった。

「一応、社内決裁は通すが、私に決定権限があるので、結果は一緒だ。どうせやるなら早い方がいい。早速契約書に調印しよう」

そして管理本部長は、浅野の方に向き直った。

「素晴らしいプレゼンだったよ。ここまで我が社のためを思って提案してきた会社は初めてだ。実は、ついさっき、宇賀島コンサルティングからもプレゼンがあったんだ。今日来た石熊という者は私の大学の後輩らしいが、学部も違えばサークルも違う。学年も10学年以上離れて面識もないのに、同門であることにすがる気がマンマンだった。自分のところのシステムがいかに優れているかの話ばかりで、我が社のビジネスを理解している様子が全然しなかった」

石熊について管理本部長が吐き捨てるように言ったとき、佐藤は自分の心が晴れていくのを感じた。

「多くのITの人間どもは、テクノロジーのことは熟知しても、ビジネスのことは無知だ。だから正直、このプロジェクトは白紙にしようと思っていたのだよ。どうせどこも同じだと思ってね。ところがあなたは、我が社の経営上の課題をズバリ言い当て、我が社にとって何が最適な改善策かを把握している。私は御社のようなビジネスが分かる会社と仕事をしたい」

管理本部長は強面からは想像もつかないような笑顔すら見せ始めた。

　「実は今回の業者選定に当たって、私は３つの評価軸を設けていたんだよ。１つ目が機能、２つ目が価格、そして３つ目は信頼だ。機能的には両社ほぼ同じ。価格面では宇賀島コンサルティングの方が２割ほど安かった。しかし、今回のような大きなプロジェクトの場合は、やはり信頼が重要だ。長期的な視点でうちのビジネスを成功に導いてくれるビジネスパートナは御社だ。だから御社に仕事を正式に依頼したい」

　この言葉に浅野はニッコリ微笑み、まっすぐな声で答えた。

　「お褒めの言葉をいただき光栄です。弊社はシステム開発会社ですが、社員全員、一定の会計スキルを持っています。御社の経営課題は決算書を見れば分かる人間ばかりです。御社の課題を解決するソリューションが、我が社にはあります。だからこそ本日、提案にお伺いした次第です。早速、プロジェクト開始の段取りをさせていただきます」

　浅野と管理本部長とのやり取り聞いていた佐藤は、２人の話にまったく入ることができず、ただただ椅子の中で小さくなるばかりだった。

　帰りのタクシーの中で佐藤は、ため息交じりに話した。

　「それにしても、あの金額を即断するなんてすごいですね〜」

　「決算書を見れば、先方が持ってる予算枠は大体検討がつくわ。だからあの金額を提示したの。貸借対照表に載っている『ソフトウェア』の金額と、キャッシュ・フロー計算書に載っている『無形固定資産取得による支出』の金額で年間のシステム投資にかける予算はおおよそ推測できるわ。しかも、前期の子会社株式売却でキャッシュ残高は例年以上に潤沢（じゅんたく）になったから、システムにかける投資余力は十分あると踏んだの。これもキャッシュ・フロー計算書を見ればわかることよ。そして、今回のECシステムの構築はあの会社にとって社運をかけた一大プロジェクトでしょ。だから、価格勝負よりもいかに信頼してもらえるかが勝負のカギを握ると思ったの」

　すらすらと解説する浅野に対して、佐藤はまたも驚いた。今日は驚か

されてばかりである。

「す、すごい。浅野さん、いつの間に会計の勉強をしたんですか？」

「育休中にちょっと本を読んだだけよ。私も以前は毛嫌いしていたけど、ポイントさえ押さえれば意外に簡単よ。佐藤くんも勉強しておいた方がいいわよ」

「確かに、今日みたいなプレゼンができるなら勉強する価値がありますね。…しっかし石熊のやつ、今回の結果を聞いたらどんな顔するかな。あいつの携帯に電話しちゃおうかな。へへっ」

プレゼン前にさんざん言われたことに対して石熊に仕返ししてやりたい。佐藤は意地悪そうな笑みを浮かべてスマートフォンをいじる。そんな佐藤に対して浅野はたしなめるように言った。

「やめなさいよ。そんなことより、これから始まるプロジェクトの準備でしょ。このプロジェクトの責任者は佐藤くんなんだからね」

「え⁉　どういうことですか？　浅野さんがゲットした案件だから、浅野さんが責任者ですよね？」

またも予想外の話に、いじくっていたスマートフォンをすべり落とす佐藤。そんな佐藤を横目に、浅野は自身のお腹をさすった。

「実は2、3ヶ月したらまた産休に入るの。2人目ができたのよ」

「えーーーー！！！おめでとうございます！っていうか、そんなこと言っている場合じゃないって！」

「ウフフ。このプロジェクトは佐藤くんにすべて任せるわ。さっき先方に話したように『社員全員が一定の会計スキルを持っている』ってことになっているんだから。しっかり勉強して、クライアントの期待を裏切らないでね」

「ちょ、ちょっと〜、急すぎますよ〜浅野さ〜ん」

頭を抱える佐藤であったが、浅野の見事なプレゼンを思い返し、また営業部門の人間として、会計も学んでしっかり案件を引き継ぐことを心に決めるのであった。

⏮ 振り返り

　浅野さんは、J&A ホールディングス社の経営課題を決算書から読み解き、見事にクライアントの信頼を勝ち取りましたね。

　まず、損益計算書の推移を分析し、同業他社と比較することで、収益力が低いということを把握しました（第3章の4参照）。

　また、システム投資は「ソフトウェア」という無形固定資産に計上され、減価償却を通じて費用計上されるということも知っていました（第5章の3参照）。ちなみに、ソフトウェアの耐用年数は5年というのが一般的です。ここから毎年の利益に与える影響を試算し、J&A ホールディングス社が気にしている営業利益率の低下に、大きな影響が出ないことも証明しました。

　さらに、J&A ホールディングス社が持っている予算枠もキャッシュ・フロー計算書から推測しました（第4章の3参照）。だから高めの見積額でも自信をもって提示できたのですね。

　実はこれが、佐藤さんへの置き土産になったのです。

　仮に受注金額が低ければ、プロジェクトにあてられるメンバーの数は限られ、かつ、単価が安いエンジニアしかアサイン（配員）できません。しかし、浅野さんが高い金額で受注してくれたおかげで、佐藤さんは十分な人数で、かつ、優秀なエンジニアを使うことができます。きっと、余裕をもってプロジェクトを回すことができるでしょう。これで佐藤さんも会計の勉強をする時間が持てそうですね。

4 ›› 精密機械メーカー経営企画部の黒田さん

〈舞台〉
中堅の精密機械メーカー。かつては業績好調だったが、競合他社の低価格攻勢の前に苦戦を強いられている。社長は、多角化した事業の、選択と集中が必要と感じている。

〈登場人物〉
黒田：経営企画部所属。冷静沈着だが仲間思いの分析家。
森本：第三事業部長。黒田とは同期で、スピード出世を果たした若きリーダー。
荒巻：第一事業部長。年配のベテラン社員であり、若くして同格の部長に出世した森本を快く思っていない。

「猶予は年度末、それまでに結果がでなければ第三事業部は解体だ。分かったな」

経営会議で放たれた社長の言葉に、第三営業部の森本は息を呑み、居並ぶ他の事業部長たちは失笑を隠そうともしない。

『部長たちも、森本を笑えるほどの成績じゃないのにな』

経営企画部の一員として会議に参加している黒田は、そんな光景を冷ややかに見ていた。

黒田と森本は新卒で入社して15年の同期である。黒田はさまざまな部署を渡り歩き、先月までは海外に駐在していた。そうした経験を買われて今月から本社に帰任し、経営企画部所属として活動を始めている。

一方の森本は開発、生産、販売を経験し、どの部門でも着実に結果を残してきた。そして昨年、業績の振るわない第三営業部の事業部長に抜擢された。当社としては異例のスピード出世だ。もちろん森本の能力が認められたからこその結果だが、年配の事業部長たちにとっては当然面白くない。また、彼らにとっては各事業部の売上や利益が自分の査定に直結するため、どの事業部長も自分の成果をアピールすることに躍起に

なっている。もし脱落者が出れば相対的に自分の評価は上がるので、森本は格好の標的にされがちだった。

　第三事業部を任された森本は、優れたリーダーシップを発揮して事業部の立て直しを図ってきた。黒田も各種の話や資料から森本の努力の痕跡を認め、そのやり方の正しさを知っている。しかし森本の力をもってしても第三事業部の業績は向上せず、今や複数ある事業部のうち、最も収益力が低い事業部に成り下がってしまった。そしてとうとう、今日の経営会議で社長直々の最後通牒を突き付けられる形となった。

　猶予はあるが、年度末にはとても間に合いそうにない。すっかり弱気になった森本は、経営会議が終わっても会議室でそのままうなだれていた。気持ちの整理がつかず、自席に戻る気になれないのだろう。第三事業部が解体となれば、恐らく部の半数の従業員は解雇や雇い止めとなる。苦しい状況をともに戦ってきた仲間達を切り捨てることに、森本は苦悩している。黒田は会議の片付けをしながら、視界に入る森本の心情を思いやった。

　『それにしても、森本の手法でなぜ結果が出ないのだろうか？』
　片付けで手に取った経営会議の資料を眺めながら黒田はふと思った。競合企業との価格競争を受け、さまざまなコスト削減の努力を行っていることは森本も会議で報告していた。そのため製造原価は他の事業部よりも上手く抑えていることが資料からも伺える。競合企業という外部要因があるとはいえ、ここまで酷い数字にはならないと考える黒田にはそこが解せない。では何が利益を押し下げてしまっているのか。そんな疑問が改めて湧いた黒田の目に、手元の資料のある数字が飛び込んできた。
　「あれ？　なんでこんなに減価償却費が多いんだ？」

　製造原価明細書を見て思わずつぶやいた黒田の声が会議室に響いた。その声に対し、ずっとうなだれていた森本はようやく顔を上げた。

　「俺の前任の事業部長が無駄に高い製造設備を導入しちゃったんだ。取得価額が大きいから、減価償却も多額なのは当然だろう。高い買い物したのに、稼働率が低くてまいっちゃうよ。過去の遺物ってやつさ」
　黒田のつぶやきに反応した森本は、減価償却費が高いことの理由を、同期同士の気楽さを込めながらそう返した。経営会議で散々言われたこともあって投げやり感も態度に出ている。
　「森本。らしくないぞ」
　その態度に思わず口をついた。
　「うるさいな、せっかく答えてやったのに空気読めよ。今日の会議見てたらわかるだろ」
　「つれないこと言うなよ。同期の俺が助けてやろうと思ってるのに」
　森本は同期の出世頭であり、誇りでもある。いつまでも惨めな姿でいてほしくない。そんな思いを抱いている黒田から『助ける』という言葉が思わず口を突いて出た。森本は一瞬驚きの表情を見せたが、すぐに怒りの形相へと変わった。
　「助ける？ふざけんなよ！うちの事業部のことは俺が一番よく知っているんだ。俺ができなかったのに門外漢のお前に何ができるってんだ」
　「確かに、製品の技術的なことは分からないよ。生産現場のこともお前ほど詳しいわけじゃない。でも数字を見る目はお前よりはあると思っている」
　「数字に強いって言うなら、これ見れば一目瞭然だろ？」
　森本は自分の机に置いている経営会議資料を叩いた。
　経営会議資料には、各事業部門の売上、費用、利益、利益率が表形式で並んでいる。しかもご丁寧に、各事業部門の業績推移が棒グラフと折れ線グラフで載っている。責任者の森本からすると、『お前の事業部が一番ダメだ』と侮辱されているようなものだ。

「会社の足を引っ張ってるのは間違いなく俺の事業部だ。しかも今回だけじゃない。毎回毎回、俺は経営会議で針のむしろだ。もうウンザリだよ」

森本は吐き捨てるようにつぶやいた。黒田は改めて資料に目をやった。2人しか居ない広い会議室に沈黙が続いた。

しばしの沈黙を破ったのは黒田だった。

「…おい森本、この資料なんか変だぞ」

「ヘン？　変ってどういうことだよ。経理部が出した資料が間違っているってことか？」

「ああ…俺にはどうも、第一事業部に有利なように作られているように見えてならない」

森本は思わず立ち上がって黒田の見ている資料を覗き込んだ。

黒田が経営会議資料をよくよく見ると、第一事業部のコストは第三事業部よりも低い。だが、各コストのバランス、たとえば製造量に対する原料費や人件費のバランスに違和感がある。こんなに低くできるものだろうか？　第一事業部の事業部長の荒巻は、やり手のベテラン社員として評判だが、どのような削減策を行っているのかについて、経営企画部は把握できていない。

「ちゃんと調べるまでは分からない。でもひょっとすると立場をひっくり返せるぞ」

「ひっくり返すって？」

「会社の足を引っ張っているのは第三事業部じゃなく、第一事業部かもしれないってことだよ。叩けば埃が出てくるかもな」

「く、黒田、本当か？」

その言葉に森本は興奮を覚えたものの、心に余裕が戻ってくると黒田の立場が心配になってきた。

「…でもお前、特定の部門に肩入れしたら立場が危うくなるんじゃないか？　経営企画部は基本中立じゃなきゃまずいんだろう？」

「ああ、だから表向きは経営会議資料の精査とでもしておくさ。それより森本、お前の事業部を立て直さなきゃ話にならん。第三事業部のことを色々教えてくれ」

その日の夜、黒田と森本の2人だけの経営戦略会議が始まった。

「ふ〜ん、やっぱり販売の落ち込みは外部要因ってことか」

誰も使う予定のない社内の一室に資料を広げながら、黒田と森本が会議をしている。

「大手が値下げ攻勢に出て、顧客が奪われちゃったんだよ。品質は絶対うちの方が上だから、敗因は価格以外に考えられない。うちも値下げしたいけど、今の製造原価じゃ、ほぼ値下げ余地がないんだよ。粗利率の最低ラインってのがあって、これを割り込む値下げは、うちの文化じゃタブーになっていてできないから」

「原価低減の余地は？」

「削れるコストはさんざん削ってきたよ。原材料の仕入れも、10社以上から相見積もり取って、一番安い業者選んで、その業者とさらに価格交渉をして…その結果がこの製造原価だよ」

森本はふっとため息を漏らした。かなり苦労してきた部分に違いない。

「他の原価は？　たとえば人件費とか…」

「いやいや。これ以上、工賃下げたら大量離職やストライキになっちゃうぞ」

「工賃じゃなくて、頭数のことだよ。人が余ってることとかタイミングはないか？」

「まあ、確かに『今は』人員のダブつきはある。販売不振で生産ラインを一部止めたからね。でも正社員が中心だからそう簡単に解雇はでき

ないよ。他部署に異動させるって方法もあるけど、いったん異動させたらなかなか戻せないんだよ。どこも人手不足だから…新規で外部から募集かけてもぜんぜん来ないし…」

　森本は肩をすくめながらそう漏らした。打つ手がないと考えているようだ。

　「だけどその人手不足のときに人員がダブついているのはもったいないな…あ、そういえば生産ラインに例の減価償却費の高い設備があるんだったか？」

　「ああ、そうだ。でもライン止めているからますます置物になりつつあるよ」

　森本は力なく返事をした。だが黒田には、そこにこの状況を打破するヒントがあるように思えた。

　「…なあ森本、ちょっと、工場見させてもらえるか？」

　翌日、2人は車を走らせ、郊外にある第三事業部の工場に向かった。広大な敷地に巨大な建物が整然と並んでいる。生産調整をしているため、敷地内は意外に静かだ。お目当ての高額製造設備はメインの工場内にそびえ立っていた。

　「これか〜」

　黒田は感心するように見上げた。銀色に輝くその装置は、素人目にも高級なものに見える。

　森本が携帯電話で工場長を呼び出した。まもなく、作業服を着た工場長が小走りでやってきた。がっしりした体つきだが、温和な顔立ちなので威圧感はない。日焼けした顔からは汗が噴き出ている。森本から簡単に事情が説明された後、工場長は黒田に会釈した。

　「初めまして。経営企画部の黒田です。この設備について教えてもらっていいですか？」

　「ああこれね〜」

　工場長はため息交じりの声を発した。

「これは森本さんが事業部長に就任する前に導入したんですよ。前の事業部長が新し物好きでね。営業に来たメーカーの担当者と妙に気が合っちゃって、相見積も取らずにメーカーの言い値で導入を決めちゃったんですよ。もちろん私は反対しましたよ。従来の2倍の生産能力が出せるって言ってましたが、そんなハイグレードなもの必要ないんだって」

「そうでしたか。いまどのくらい稼働させているんですか？」

「ピーク時の半分ぐらいだね。売れないもの作っても在庫が膨らむだけだから」

「そうですか…そうなると、この機械は長く使える見込みはありますか？」

「経理部から言われた法定耐用年数ではあと4年ってとこだけど、稼働率低いし、暇なときにメンテもしょっちゅうやっているから、あと6年は持つんじゃないかな」

「なるほど。そうなんですね…うん、いける」

黒田は確信に満ちた様子でそう言うと、森本の方に向き直った。

「見えたぞ森本。減価償却費の削減が突破口だ」

「おいおい、何言ってんだよ。減価償却費が削れるわけないだろ？減価償却計算に従って一定の減価償却費は必ず出ちゃうんだから。粉飾でもするって言うのか？」

数字に強いと豪語する黒田から出た言葉に、森本はあきれて答える。

「確かに、全体としてお前の言っていることは正しい。しかし、個別で見た場合、話は別だ」

森本と工場長は、キツネにつままれたような表情で、顔を見合わせた。

翌日、森本から第三事業部の製品値下げ指示が飛んだ。もちろん、黒田の提案に乗ってだ。

黒田の値下げ案に、森本は当初反対した。粗利率の最低ラインを割り込めば事業部長としての責任を問われる。しかし黒田は「俺を信じろ」の一点張りで、結局森本が折れた格好だ。『どうせ何もしなければ年度

末で事業閉鎖だ。ここは黒田に乗っかってみるか』という気持ちが森本を後押しした。

　値下げ後はその効果がてきめんに作用し、次々に顧客を同業他社から奪い返した。価格がネックになっているという森本の言葉通りだった。販売計画が上振れした結果、生産調整を解除し、工場はフル稼働となった。

　売上はＶ字回復したが、森本の心は晴れない。やはり気になるのは利益だ。値下げしたため、感覚的には赤字スレスレの水準までいってるのではないか？　経理部から上がってくる事業部別 PL の数値がどんな結果になるか気になってしょうがない。当社では、月次では売上のみの簡易的な報告が行われ、四半期ごとに利益も含めた報告が経営会議で行われる。それを待たなければ、各事業部の正確な業績は分からない。

　そんな第三事業部の噂を聞きつけた第一事業部の荒巻が、ニヤつきながら森本の席に近づいてきた。

　「森本くん、売上が増えても赤字になったら意味ないよ。これ以上会社に迷惑かけるなよ。"立つ鳥跡を濁さず"っていう言葉があるけど、君は濁しまくってるねぇ」

　荒巻は嫌味っぽく森本に言葉を吐いた。あたかも、第三事業部の消滅は決定的であるかのような口ぶりだ。

　「大丈夫です」

　森本は精いっぱいの虚勢を張った。

　それから３ヶ月後の経営会議。この日が年度内最後の経営会議である。つまり、森本率いる第三事業部の命運が、この日の結果に左右される。

　会議が始まり、秘書が今回の経営会議資料を全員に手際よく配った。その資料に目をやると、なんと懸案の第三事業部が増収・増益となっていた。値下げ効果で販売量が増えたため、売上増加は分かっていたが、意外にも利益が飛躍的に増加していた。しかも、粗利率は最低ラインを下回るどころか、逆に上昇していたのだ。３ヶ月前とはガラッと変わったこの結果に、参加者は一様に驚愕した。森本と黒田を除いては。

「この資料、間違ってないか？」

荒巻がわざとらしく大げさな独り言を言った。森本はゴクリと唾を飲み込んだ。

「森本くん、説明してくれるか？」

社長が、静かに森本を促した。森本はパッと立ち上がり、前日に黒田からレクチャーされた通りの説明を行った。

「当事業部ではここ最近、製造原価の引き下げに苦慮していました。特に製造原価の中でも人件費と減価償却費が大きなウエイトを占めていました。製造原価がなかなか下がらないため、販売価格を引き下げることができず、価格競争で同業他社に負け続けていたのが実態です。そのため、出荷数の減少を受けて工場では製造ラインを一部休止し、さらに工場の稼働率が低下するという負のスパイラルに陥っておりました。この状況を打破するため、逆転の発想をしたことが、今回の結果に表れたのです」

「逆転の発想？」

社長がいぶかしげな眼差しを森本に向けた。

「つまり、こういうことです。人件費も減価償却費も、毎期必ず一定額発生するコストです。その状況で製造数量が減少すれば、製品1個当たりの人件費と減価償却費は増加し、製造原価がますます上昇してしまいます。

そこで、思い切って販売価格を引き下げました。当部門が競合他社に負けていたのは価格の部分でしたので、これによりシェアを奪回して販売数が増え、工場の稼働率が上昇しました。製造数量が増加したことで、製品1個当たりの人件費と減価償却費は減少し、販売価格の値下げ以上にコストダウンが実現したわけです」

「そうだったのか…なるほど」

社長の顔色が徐々に晴れていくのが森本の目にも明らかだった。ここぞとばかりに森本は話を続ける。

「社長、それだけではありません。当事業部の製造設備は当初の見積

以上に長く使えることが、調査結果から判明しました。そのため、耐用年数を変更し、1年当たりの減価償却費を少なくさせてコストを抑えることができました。その効果も今回の増益に表れています」

　「それは不正会計じゃないのか?! 耐用年数の変更など、聞いたこともないぞ！」

　荒巻が声を荒げて割り込んだ。気に食わない森本の第三事業部の業績がお荷物部門から脱却しては、荒巻の第一事業部の評価が相対的に下がってしまう。しかも荒巻は、第三事業部が消滅することを見越して、営業努力の手を緩めてしまっていたので必死になるのも当然だ。

　「不正ではありませんよ」

　荒巻を押さえるかのように、ここで黒田が口を挟んだ。

　「実態に合わせて耐用年数が変更できることは会計基準にも明記されていますし、他社でも普通に行っていることです。我が社は、税法で定められた法定耐用年数を採用していますが、あくまで実態と大きな乖離（かいり）がないから容認されているに過ぎません。乖離が生じれば変更すべきなのは当然です。このことは経理部にも確認を取っていますし、監査法人にも事前に了解をもらっています」

　森本と黒田の説明に、荒巻は反論できなくなった。

　しばしの沈黙の後、社長がゆっくりと口を開いた。

　「森本くん、よくやったな。第三事業部は文句なく存続決定だ。ところでこの資料では第一営業部の稼働率が低いと見える。もし第三事業部で生産要員が足りなさそうなら、第一事業部から人を異動させよう。第一事業部は人があぶれているみたいだしな。森本くん、君の経営センスと数字を見る目があれば、もう少し大きな組織にしても問題ないだろう」

森本は安堵して社長に頭を下げ、その様を見て黒田は小さくうなずいた。

この経営会議での社長の発言は、事実上、荒巻率いる第一事業部の事業縮小宣言となった。限られた人材をどのように最適配分するかは経営者の裁量だが、荒巻よりも森本のほうが社長の信頼を勝ち取ったと言える。

後日、第一事業部のコストが第三事業部に付け替えられていたという不正も判明した。荒巻が、裏から経理部に手を回し、操作していたらしい。全社合計の数字は一致していたので誰も気づかなかったが、森本と黒田が第三事業部のコスト構造を洗い出している過程で発見したのだ。

「なあ、黒田。なんで俺のためにそこまでしてくれたんだ？」

休憩所に貼り出された、荒巻の懲戒処分を伝える書面を眺めながら、森本が黒田に尋ねた。

「勘違いするな。"お前のため"じゃない。"会社のため"だ」

「会社のため？」

「そう。経営企画部の仕事は、会社の実態を正確に経営層に伝え、適切な意思決定を支援することだ。俺は第三事業部を消滅させるべきではないと感じていた。数字がそれを物語っていた。そして事実を調べたらその通りで、改善できる余地が大いにあったし、伸びしろも十分にあった。ただそれだけだ。」

森本に顔を向けないまま、答える黒田。その態度に森本はぷっと吹き出した。

「ハハハ、お前らしいぜ」

「何笑っているんだよ。逆に第三事業部に将来性がないと分かれば、容赦なくばっさり切り捨てるぞ。そのときは覚悟しておけよ」

ここで黒田は森本に目を向けたが、その表情に険しさはない。

「分かってるよ。もちろん、そうならないようにするのが俺の仕事だからな」

森本は笑顔を返した。

　今回は、現場に詳しい森本さんと会計に詳しい黒田さんのタッグが生み出した結果と言えるでしょう。

　工場の稼働率が下がった結果、製品一単位当たりの製造原価が上がってしまうのはよくある話です。今回のケースは、販売価格を引き下げたことで、受注を増やし、稼働率をアップさせることができました。当然、値下げしても大した効果がなければ、少ない利益がますます削られるだけで終わってしまうので、安易な値下げは危険です。その点、製造現場とマーケットを熟知した森本さんの見立てがあったからこそ、大胆な値下げ作戦がうまくハマったわけです。

　また、耐用年数を長くすれば毎年の減価償却費が小さくなるという関係を知っていたからこそ、耐用年数の変更というアイディアが生まれたのでしょう（第5章の3参照）。減価償却は、一定の過程に基づく見積もり計算に過ぎないということも忘れてはいけません。税法の耐用年数は慣例的によく使われますが、それが絶対ではないということです。もちろん、変更するだけの根拠は必要になりますので、製造現場のことを理解していなければ実現できません。

　現場と本社とのコミュニケーションが大切だとよく言われますが、それは両者が経営における両輪だからです。経営企画部は、現場から上がってきた数字をただ取りまとめるだけでは不十分です。経営の重要な意思決定を左右する立場にあるため、誤った情報を経営層に報告してしまったら、会社を失敗の道に引きずり込んでしまいます。そして、ときには黒田さんのように現場に降り、業績改善の糸口を見つけ出すことも必要なのです。

5 ≫ 医薬品卸の人事部で働く堀田さん

〈舞台〉
中堅の医薬品卸売業の会社。コスト削減に四苦八苦している。
〈登場人物〉
堀田：人事部所属の女性社員。正義感が強い。
筒井：人事部長。冷静だが面倒見がいい上司。
宮崎：大阪本社の経理部長。

「ちょっと待ってください、その中途採用、本当に必要でしょうか？」

堀田は片手をあげて宮崎の話を遮った。

東京に出張している大阪の経理部長の宮崎が、人事部の堀田と筒井を訪ね、経理部員の中途採用について打ち合わせている最中だった。宮崎は、採用することがさも決まったかのように、必要なスペックと人物像をまくしたてるように話したため、堀田がメモを取る手を止め、待ったをかけたのだ。

「電話で話した通り、来月末にうちの部から退職者が出るんや。補充しないと仕事が回らへんよ。それとも人事部さんが代わりにやってくれるんか？」

「い、いえ…」

堀田はそれ以上何も言えず、下を向いてメモを取ることに戻った。

宮崎が退席した後、堀田は上司である人事部長の筒井に正直な気持ちをぶつけた。

「本当に採用しちゃっていいんでしょうか？　本部長の意向に反するような気がするんですけど」

先週、管理本部長から人事部向けに「できる限り採用を抑えろ」というお達しがあったばかりだった。

筒井は冷静に答えた。

「でも、"本当に必要な場合"は採用してもいいという条件付きだったよな。"必要ない"って証明できなきゃ、突っぱねることもできないだろう？」

「確かにそうですけど…」

堀田は、解せない表情で口を尖らせた。

「何がそんなに引っかかってるんだい？」

筒井は不思議そうに尋ねた。堀田は、少し躊躇したものの口を開いた。

「この前、大阪経理の女性社員から気になることを聞いたんですよ——」

　当社の経理部は東京と大阪の2拠点に分かれている。大阪発祥の会社なので、登記上の本社は大阪だが、実質的な本社機能は顧客が多い東京に本部として移している。ただ、過去の名残りで経理部門は、東京本部と大阪本社に双方存在しているのである。

　その大阪経理部の女性社員とは、税理士事務所から転職してきたキャリア組で、堀田とは年も近く、仲が良い。堀田が大阪出張に行くたびに一緒に食事をするのだが、経理部の愚痴をよく聞かされている。どうやら、当社の経理業務のやり方が一般的にみて非効率らしい。

「あんな無駄なことやってる会社、他にないわよ。あれじゃいくら人手があっても足りない気がするわ。ま、転職して間もない私が言ってもどうにもならないんだけどね」

　堀田は、大阪経理部について聞いた話をひとしきり、筒井に伝えた。

「大阪の経理業務に無駄が大きいと言う声が現場からあるのは分かった。でも、伝聞や憶測じゃ説得力がないぞ」

「分かりました。では実態をつかんできますので、私に調べさせてください」

「まあ、落ち着け堀田。一応聞くが、本部長がコスト削減にうるさいのはなぜだと思う？」

「え？　…なぜって、利益を増やすためですよね？」

「それは一般論だ。コストを減らせば利益が増えるのはどんな会社でも共通して言えることだ。しかし、うちの会社、あるいはうちの業界が抱える構造的な問題を踏まえた場合はどうだ？　その理由が言えないと、経理部長を説得できないぞ」

筒井はいつも答えを直接言わずに、考えるきっかけだけ堀田に与える。堀田は視線を宙に舞わせて考えたが、理由が一向に思い浮かばない。

「まずは、うちの決算書を見返してみろ。そして同業他社と比較して、さらに異業種とも比較してみろ。そうすれば見えてくるものがある」

そう言い残し、筒井はその場を立ち去った。

堀田は自席に戻り、早速自社の決算書を分析してみた。コスト削減の理由だから、P/L に何かあるのだろう。以前、筒井から図を使った財務分析のレクチャーを受けていたので、ひと通りのことは自力で調べられる。ライバル企業 2 社も同様に分析し、そして次に、まったく異なる業種の企業も 2 社分析してみた。

こうして合計 5 社分の決算書が机に並んだ。並べてみると違いは顕著に表れていた。

医薬品卸である自社と同業 2 社の粗利益率はいずれも 10% 前後、営業利益率は 1% 台であった。ところが他の業種の企業の P/L を見ると、粗利益率は 30% 〜 50%、営業利益率も 4 〜 8% あった。

この結果に堀田は驚き、そして筒井の言わんとしていることを理解した。

堀田はすぐさま、筒井のもとへ分析結果の報告に行った。

「筒井部長、医薬品卸という業界は極端に利益率が低い業界ということがよく分かりました。他の業種と比べるとコストに敏感にならなきゃいけないのは当然ですよね」

「良く気付いたな、堀田。でも逆に考えれば、ライバル企業も同じ状況だ。だから、利益率はいわばドングリの背比べだ」

「ということは、ほんの少しの合理化でも、業界順位を塗り替えられる可能性を秘めているってことですね」

堀田の確証を得たかのような口ぶりに、筒井は部下の成長を感じ、目を細めた。

「そうと分かれば早速始めよう。合理化の余地がありそうな部門はあるかな？」

堀田は筒井のくさい芝居にクスっと笑って、こう答えた。

「大阪の経理部です。今なら明確に経理部の実態を調べられます」

堀田は早速次の日、アポを取って大阪経理部に出張した。表向きは「経理人材募集のための取材」と称し、職場の写真や社員へのインタビュー記事を WEB 上で発信する目的を伝えていたが、裏の意図は大阪経理部の実態調査だ。

まず堀田は、一室を借りて大阪経理部の主任をインタビューした。真意が聞けるように、あえてざっくばらんな雰囲気で行うことにした。

「経理部の皆さんはいつも忙しいイメージですが、実際はどうなんですか？」

「そうやね、決算の時期は結構遅くまで残業しとるよ」

「じゃあ、決算以外の時期はどうでしょう？」

「それ以外は結構のんびりやね。俺なんか毎日定時で帰っとるし、時短にしてもいいぐらいや」

「繁閑の波が激しいんですね」

「せや。だから、忙しい時期に合わせて人員数をそろえておかなあかんねん。決算業務が回らなくならないようにな」

「では、いつまでに採用できればいいですか？」

「来月1人辞めてまうけど、最悪、決算の時期までに補充できればええんちゃう？　まあ、職場に慣れてもらう必要あるから、できればその1か月前ぐらいがええけどね」

「わかりました。ところで、毎月の業務で時間がかかっていることって何ですか？」

「毎月、月次決算後に作ってる西日本エリアの業績報告書やね。あれはメッチャ時間かかる。経営企画部に月次決算と一緒に提出せなあかんルールになってんねん」

「なるほど…ところで、経理部さんは大阪と東京で分かれてますよね？理由は何ですか？」

「俺もよぉ分からんけど、西日本と東日本で決算数値を分けて管理したいからとちゃいます？」

　概ねこんな感じでインタビューは進められた。改めて経理部長に「人員足りてますよね？」とストレートに聞いても、「いやいや、絶対に必要や」と突っぱねられるのがオチだ。だから、現場の第一線で陣頭指揮をしている主任に、悟られずに現場の実態を聴き出して、外堀を埋める作戦をとった。さらに、事前に大阪経理部の女性社員から裏情報を聞いていたため、引き出したい答えをスムーズに得ることもできた。

　表向きの取材もこなしつつ情報を収集した堀田は、その日のうちに調査結果を東京に持ち帰り、筒井に報告した。その後、程なくして筒井から管理本部長にまで話が伝わっていった。

　翌週、管理本部長より、緊急の会議が招集された。参加者は、管理本部長、大阪経理部長の宮崎、人事部長の筒井、そして堀田の合計4名。議題はバックオフィスの合理化施策についてだ。

定刻となって早々に、管理本部長が会議の口火を切った。

　「早速だが、結論から言わせてもらう。バックオフィスの合理化のため、大阪経理部の中途採用は当面、凍結する方向で進めようと思う」

　あまりに唐突な言葉に宮崎は衝撃を受け、動揺を隠せない。人事部も会議にいることから、てっきり先日の中途採用に対する具体的な提案があると思って来ていたからだ。

　「え⁈…ほ、本部長、それはどうしてですか？」

　その想念をいきなり外された宮崎は、何とか気を取り直して管理本部長に尋ねた。

　「当初は中途社員を1名採用する予定だった。しかし、募集準備を行っている最中に、さまざまなことが判明した。まず、経理部は決算の時期は足りないが、それ以外の時期は既存の人員体制で十分足りているというのが現場の社員からの意見だ。したがって、決算の時期だけスポット的に人員を補強する」

　焦る宮崎とは対照的に、管理本部長は平静に理由を説明する。

　「いや、でも、決算業務は専門性が高いんですよ。だから、その時だけ派遣社員やアルバイトを入れても無理なんじゃ…」

　「その点については心配無用。会計の専門家に決算の時期だけ常駐してもらう決算支援サービスというのがある。社員1人雇うよりトータルコストは低い。業務の品質についても、すでに導入している東京経理部で検証済みだ。決算業務全体の時間も短縮できるようになったそうだ」

　「そ、そうですか。で、でも毎月、西日本エリアの業績報告書を作成しなきゃいけないので、決算以外の時期もやっぱり人は必要だと思うんですけど」

　先日の中途採用を人事部に求めに来たときの言動とは打って変わっている。堀田はなんとなく、管理本部長と宮崎の関係を察した。

　「それについても問題ない。経営企画部に確認したら、今は参考程度にしか見てないので、廃止しても不都合はないそうだ。3年前のシステム入れ替えで、エリア別の業績はシステム上で把握できるようになった。

つまり、過去の名残りで作成のタスクが残ってただけだ。だから、もう作らなくてもいいぞ。そうすれば大幅に業務量は減るだろう？」

「…ええ、そうですね。確かに、仕事量が減るんだったら、人の補充はいらないですね」

宮崎はポカンとした表情をしていたが、徐々に理解を示す顔立ちに変わった。宮崎とて大阪の経理部門を預かる身である。頭は固いものの会計知識を持ち合わせている人間なのだ。その様子を見た堀田はホッと胸をなで下ろすとともに、具体的解決策を承認して宮崎に伝えてくれた管理本部長と、事前にその管理本部長に根回ししてくれた筒井に感謝した。

今回の件で、管理本部長はある仮説を立てた。これまでコスト削減だ、業務の合理化だと号令をかけても、たいした効果が得られなかった。それは社員の数値に対する感度の低さと会計知識の脆弱さによるものではないかと思われた。経理部長でさえあの程度だから、他の社員は推して知るべしである。

確かに、振り返ってみれば、思い当たる節はいくつかある。「利益剰余金」がそのまま会社の保有現金と勘違いして、経営会議の場でトンチンカンな発言をしてた管理職や、単年度の経常利益だけを見て、「利益を社員に還元すべきだ」と声高に主張する中堅社員もいた。ということは、彼らの部下や後輩も、恐らく同様だろう。まずは、社員全員に一定の会計知識を身につけさせるのが先決だ。そう確信した管理本部長は、今回の一件で目に留めた、人事部の堀田を呼び寄せた。

「確か、君の前職は研修会社だったよな」

「はい。研修企画や講師の選定、当日のアレンジなど、研修全般に渡る仕事をしていました」

「そうか。では君に、全体の指揮を任せるから、社員全員を対象に、財務会計の研修を進めてくれ」

管理本部長の判断は早い。なんといきなり堀田を財務会計研修の旗振り役にその場で決めてしまった。堀田は突然のことで流石に驚いたもの

の、同時に自身の働き振りが認められたことを感じた。

「か、かしこまりました！」

堀田は頭を下げて指令を受け取った。

　かくして、全社員を対象にした財務会計研修が行われることになった。社員数は 1000 人を超えるため、日程調整だけでも大仕事だ。1 回あたり 30 人ずつに分けて、長期間にわたって研修をアレンジするのは、堀田に前職での経験があるとはいえ、苦労の連続だった。

　しかし、堀田は研修を受けている社員の様子を見て、「やって良かった」と、幾度となく感じた。管理本部長が懸念していた通り、いざ研修を始めてみると、自社の利益率が低いということすら知らない社員や、知っていてもそれが当たり前という認識でいる社員がほとんどだったのだ。管理職クラスのなかにも、分かっているフリをしていたが、研修内で自分の会計知識不足で露呈した者がいた。

　全社的な財務会計の研修後、ほどなくしてその効果が業績面で表れた。合理化の余地がないと思われていた部署も、社員たちの創意工夫で次々と新しい合理化施策が行われた。その結果、コストが徐々に削減され、自社の利益率が少しずつ上昇していったのだ。

　その要因は、何と言っても「全社員のコスト意識の高まり」に他ならない。これまで社員たちは、コスト削減の必要性について、頭では分かっているつもりでも、腹落ちしていなかった。だから、コスト問題に対する気付きや実行しようという意識が希薄だった。ところが、財務会計研修によって会計スキルが全体的に底上げされ、これまでどこか他人事と考えていたコスト削減も、「やらなきゃ自分たちの給与の源泉が減ってしまう」という自分事として捉えるようになったのだ。

　その後、堀田が思ってもみなかった「副次的な効果」も表れた。それは企画提案力の著しい向上だ。

当社では、新規事業のアイディアを社内募集しているが、例年の提案は、構想は素晴らしかったとしても、金額や数字のインパクトが不明瞭でボツになるアイディアが多かった。しかしこの研修後は、売上や利益の影響についても企画書の中できちんと言及するようになり、企画提案力が格段に上がったのだ。

社員たちが、経営者目線でビジネスを語るようになったため、研修を仕切った堀田は経営幹部たちから大いに称賛された。そのようなさまざまな効果が得られたため、財務会計研修は新入社員の必須研修として、毎年のカリキュラムに組み入れられることとなったのだった。

　不要な中途採用を未然に防ぐことができ、さらに、会社の業績がアップ
したのは、紛れもなく堀田さんの行動によるものです。もちろん、決算書
を業種別で調べさせた筒井部長のキラーパスがあったことも忘れてはいけ
ません。

　人事部においても、単に上からの方針に従うだけではなく、それがなぜ
必要なのかということまで思考を巡らせましょう。それには決算書を読み
解くことが有効です。今回のケースは、コスト削減がテーマでしたが、自
社の損益計算書と他社の損益計算書を比較することで、利益率が極端に低
いという構造的な課題が浮き彫りになったわけです（第3章参照）。

　経営目標に向けて、経営陣だけが必死になって旗を振っている会社をよ
く見かけます。しかし、経営陣と従業員との間の意識のズレが大きければ
大きいほど、経営陣がやることなすことが上滑りしてしまう傾向にあります。
このような経営陣と従業員との意識のズレを埋めるツールとなるのが決算
書です。

　非上場企業の中には、決算書を社員に公開していないという会社が多い
ようです。しかし、自社の決算数値をブラックボックスにすると、「コスト
がかさんでるって言ってるけど、本当は儲かっているんじゃないか？」など、
逆に社員の疑心暗鬼が生まれやすくなります。そうなってしまうと、経営
陣と従業員との溝はますます深まるばかりです。

　また、社内研修を企画する際にも、決算書の知識は必要となります。株
式会社は営利法人なので、研修テーマがたとえどんなものであっても、社
員のスキルアップを通じて、会社の業績（売上や利益）を向上させるもの
でなければなりません。自社が抱える課題を決算書で把握することによって、
どうすれば売上や利益が向上するのか？　そのために必要な研修は何なの
か？　という思考プロセスで研修を企画すると、経営陣に喜ばれる研修成
果が得られることでしょう。

第 **8** 章

会計スキルを磨く

●本書ではここまで、決算書の内容や仕組みについての読み方にはじまり、会社の各部門やビジネスにおけるモデルケースに対応した決算書の活かし方について解説してきました。
●本章では、ここまでで覚えた決算書の読み方と活かし方に慣れ、ビジネスに活用していけるように知識を定着させ、会計スキルを高めていけるようになる方法を紹介したいと思います。

1 ›› 実際の決算書を読んで訓練する

♦ スキルは使わなければ忘れてしまう

ビジネス書を読んで「なるほど！」と思っても、何日か経ったら内容をさっぱり忘れてしまった、という経験は誰しもあると思います。

悲しいことに、人間の脳は忘れるようにできています。しかし、**学んだ知識を忘れない唯一の方法があります。それはその知識を「使うこと」**です。

「使うこと」とはどういうことか？　本書でいえば、**実際に決算書を入手して、図を描いて、分析すること**です。

本書では、決算書を使って分析する手法を解説してきました。今度はあなたが実際に決算書を使って分析する番です。

どんな会社の決算書がいいか？　それはあなたの興味基準で結構です。自分が勤めている会社、転職しようと思っている会社、投資しようと思っている会社、自分が愛用している商品を作っている会社、よく行くあの飲食店を経営している会社、最近ニュースで話題になっているあの会社などなど、興味がある会社からどんどん分析してみましょう。

2»決算書の入手方法

では、そもそも決算書はどうやって入手するかの説明をします。入手したい決算書が上場企業のものか非上場企業のものかで大きく方法が異なります。

◆ 決算情報の3つの開示制度

上場企業が作成し公表する決算情報には、さまざまな種類があります。企業がどのような決算情報を公開していて、それぞれどのような特徴があるのかを見てみましょう。

まずは大きく、開示制度の違いにより分類して説明します（図表8-1）。

「**金融商品取引法**」に基づいて開示が義務付けられているもの、「**証券取引所のルール**」に基づくもの、「**会社法**」によって開示されているもの3つの開示制度があります。これら全ての開示書類に、決算書が載っています。**上場企業であれば、これらすべてが義務付けられています**ので、手に入る決算情報は豊富です。しかし、**非上場企業の場合は、会社法に基づく計算書類のみが作成が義務付けられています**ので、情報は限

図表 8-1　企業が作成する決算情報の種類

制度	開示書類名称	作成企業	外部監査
金融商品取引法	・有価証券報告書 ・四半期報告書	・上場企業 ・株主の数が一定数以上の会社等	必要（ただし、四半期報告書は監査よりもより簡素なレビュー手続きのみ）
証券取引所のルール	・決算短信 ・四半期決算短信	・上場企業	不要
会社法	・計算書類	・すべての企業	必要（資本金5億円以上または負債合計200億円以上の会社のみ）

定的です。

◆ 各制度で開示される書類

　それでは、具体的な開示書類ごとに、開示期限、概要、目的を見ていきましょう。

　金融商品取引法と証券取引所のルールに基づく開示ルールは、似ているところがあります。どちらも投資者保護を目的としていますし、年度に1回と四半期（3ヶ月）に1回というペースで決算情報を開示するのも同じです。また、上場企業であればどちらの制度にも対応しなければなりません。しかし、両者にはそれぞれ異なる特徴があります。

　金融商品取引法に基づいて開示される有価証券報告書や四半期報告書は、決算数値については監査法人による監査（又はレビュー）が義務付けられており、信頼性が最も高いものです。特に有価証券報告書に掲載される情報は、企業の沿革、関係会社の状況、設備の状況、コーポレートガバナンスの状況など多岐にわたります。その代わり、開示される時期は最も遅いタイミングとなります（図表8-2）。

　これに対して、証券取引所のルールに基づいて開示される決算短信や四半期決算短信は、監査法人の監査（又はレビュー）を受けたものではありません。掲載される情報量も、有価証券報告書や四半期報告書と比べるとかなり絞られています。その代わり、これらの書類は速報性が重視されるため、開示のタイミングは最も早いものになります（図表8-3）。

　いち早く企業の決算情報を知りたい場合は決算短信や四半期決算短信を入手し、より多くの情報を知りたい場合は、有価証券報告書や四半期報告書を入手します。

　ただし、四半期報告書や四半期決算短信は、年度途中の進捗状況を知らせることが目的の開示書類のため、情報量は限られています。やはり、1年間の決算情報が載っている有価証券報告書や決算短信がメインになります。

　会社法に基づく計算書類は、年度に１回の情報ですが、情報量として
は有価証券報告書より劣り、開示スピードでは決算短信より劣るので、
上場企業を分析する場合はあまり使う機会はありません。しかし、**非上
場企業の場合は、有価証券報告書や決算短信の作成義務が基本的にない
ため、計算書類を使って分析することになります**（図表 8-4）。

図表 8-2　金融商品取引法に基づく開示ルール

開示書類名称	開示期限	概要	目的
有価証券 報告書	決算日から３ヶ月以内	期末決算終了後毎期継続的に事業内容、財務状況等を記載したもの。	多数の投資者が有価証券を取得する可能性があり、投資者が意思決定を行うに当たり、有用な情報を提供するため。
四半期 報告書	各四半期末から 45日以内	３ヶ月ごとに区分した各期間ごとに、企業集団の経理の状況その他投資者保護に必要な事項が記載されたもの。	３ヶ月ごとの決算を行い、投資者に有用な情報をより早く提供するため。

図表 8-3　証券取引所のルールに基づく開示ルール

開示書類名称	開示期限	概要	目的
決算短信	決算日から 45 日以内	一連結会計年度を対象とした業績を開示したもの。	投資者保護。ディスクロージャー制度の信頼性を維持するため。
四半期 決算短信	遅くとも、四半期報告書の提出まで（各四半期末から 30 日前後で開示しているケースが多い）	第１〜第３四半期連結累計期間を対象とした業績速報を開示したもの。	

図表 8-4　会社法に基づく開示ルール

開示書類名称	開示期限	概要	目的
計算書類	定時株主総会の日の2週間前まで（株主総会は決算日から3ヶ月以内に開催）	株式会社の状況に関する重要な事項のうち、会計に関する部分を記載したもの。	株主や銀行などの債権者は、会社財産および損益の状況に重大な関心をもっていることから、会社財産および損益の状況を報告し、その株主や債権者等の利害関係者を保護することを目的としている。

図表 8-5　決算情報の開示スケジュール（3月決算の会社のケース）

主な開示書類	制度	第11期 第1四半期 4月	5月	6月	第2四半期 7月	8月	9月	第3四半期 10月	11月	12月	第4四半期 1月	2月	3月	第12期 第1四半期 4月	5月	6月
有価証券報告書	金商法	第10期の年度決算 →★												第11期の年度決算 →★		
四半期報告書					第11期の第1四半期決算 →★			第11期の第2四半期決算 →★			第11期の第3四半期決算 →★					
決算短信	取引所	第10期の年度決算 →★												第11期の年度決算 →★		
四半期決算短信					第11期の第1四半期決算 →★			第11期の第2四半期決算 →★			第11期の第3四半期決算 →★					
計算書類	会社法	第10期の年度決算 →★												第11期の年度決算 →★		

※矢印は作成期間。星は開示期限

◆ 開示書類と決算書との関係

　有価証券報告書、四半期報告書、決算短信、四半期決算短信、計算書類という５種類の決算開示書類を紹介してきました。この５つの書類と決算書との関係を見ていくと、図表8-6のような対応表となります。この表は、連結財務諸表の作成義務がある、子会社を持つ企業を前提としています。

図表 8-6　開示書類と決算書（財務３表）との関係

開示書類名称	連結財務諸表			個別財務諸表		
	連結貸借対照表	連結損益計算書	連結キャッシュ・フロー計算書	個別貸借対照表	個別損益計算書	個別キャッシュ・フロー計算書
有価証券報告書	○	○	○	○	○	○
四半期報告書	○	○	○（ただし、第１四半期と第３四半期は任意）	—	—	○（ただし、第１四半期と第３四半期は任意）
決算短信	○	○	○	○	○	○
四半期決算短信	○	○	—	—	—	—
計算書類	○	○	—	○	○	—

連結財務諸表を作成している会社は記載不要

　横に見ていくと、有価証券報告書と決算短信はすべてを網羅しています。四半期報告書と四半期決算短信は、連結のみが開示対象で個別は開示対象ではありません。とはいえ、企業グループ全体の決算情報をもとにした分析が基本となりますので、個別がなくても特段支障はないでしょう。

また、四半期報告書は、キャッシュ・フロー計算書が第2四半期のときしか開示されません。四半期決算短信に至っては、第1四半期～第3四半期すべてで開示義務はありません。開示に積極的な一部の企業は、四半期ごとにキャッシュ・フロー計算書も開示していますが、基本的に義務化されてない書類はないものと思った方がいいでしょう。

　計算書類については、連結と個別の両方ですが、キャッシュ・フロー計算書は対象外です。つまり、**上場企業でない限り、キャッシュ・フロー計算書は開示されないものと考えてください。**

　こうしてみていくと、連結貸借対照表と連結損益計算書はすべての開示書類に掲載されていることが分かります。書かれている金額は、対象年度が同じであれば、同じと考えて問題ないです。金額が同じなので、どの書類をみても問題ありません。開示されるタイミングの違いだけです。

◆ 非上場企業の決算情報の入手方法

　「取引先が上場していないのですが、どこから決算情報を入手できますか？」という相談を受けることがよくあります。

　残念ながら、上場企業と比べると入手できる決算情報は限られてしま

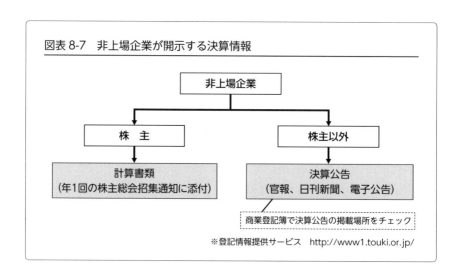

図表8-7　非上場企業が開示する決算情報

いますが、少ない情報であってもないよりはましです。ここでは非上場企業の決算情報をどうやって入手するのかを見てきましょう。

　まず、その会社の株主であれば、毎年株主総会前に送られてくる株主総会招集通知に計算書類が添付されているはずです。この計算書類が最大の情報源となります。上場していなくても、株式会社はすべて年1回の株主総会を行います。そして株主総会を開くからには招集通知を株主に送らなければなりません。

　自社が取引先の株主でない場合はどうすればよいのでしょうか。当然、株主でなければ招集通知は送られてきません。しかし株式会社は、株主総会終了後に「決算公告」を行う義務があります。**決算公告とは、株主や債権者といった利害関係者に決算情報を公開することです。**広く一般に公表されるものなので、株主でなくても見ることができます。決算公告は要旨のみなので、記載項目は非常に簡素です。

　大会社（資本金5億円以上または負債合計200億以上の会社）は、貸借対照表と損益計算書が開示されます。

図表 8-8　商業登記簿のサンプル

それ以外の会社は貸借対照表しか開示されません（ただし当期純利益（または純損失）は純資産の部の内訳として別掲されます）。

　決算公告は、「官報」「日刊新聞」「電子公告」のいずれかの媒体を企業が選択して公告します（図表8-7）。この3つのうちどこに掲載するのかは会社の商業登記における登記事項になっているので、登記簿謄本で掲載場所を確認しましょう（図表8-8）。

官報

　「官報」とは、国の機関紙です。法律や政令の公布がされるものですが、会社の決算公告もここに掲載されます。全国の官報販売所で購入できるほか、インターネット版官報（https://kanpou.npb.go.jp）にアクセスすれば直近30日分は無料で閲覧することができます。株主総会終了後を見計らって、ここからダウンロードしましょう。

日刊新聞

　「日刊新聞」とは、週刊や月刊の新聞ではなく、毎日刊行されているいわゆる一般紙のことです。決算公告を載せる場合は日本経済新聞などの全国紙が多いものの、地方の企業であれば地元でよく読まれている有力地方紙に掲載することもあります。日本企業は3月決算が多いため、株主総会は6月下旬に集中しています。そのため、かつては6月下旬になると新聞が分厚くなる日がありました。それは新聞に決算公告を載せる企業がたくさんあったからです。

電子公告

　上記2つでの公告を行わない場合、企業はインターネット上に決算公告を載せる「電子公告」も選択できます。官報や日刊新聞に載せる場合にはお金がかかりますが、自社のホームページで掲載するなら実質無料です。となると、コストゼロの電子公告を選ぶ企業ばかりになると思いきや、実際はそうでもないようです。

　自社ホームページに載せると、誰でもお手軽に決算情報が見られるようになる上、電子公告には5年間は掲載し続けなければならないという

ルールがあります。

　非上場企業としては、あまり決算情報をさらしたくないというのが本音なのでしょう。だからいまだにお金がかかる官報や日刊新聞で、ひっそりと掲載しているケースが多いようです。

3 ≫ 決算書と株価を見比べる

　業績が良ければ株価が上がる、と思うのが一般的な解釈です。しかし、**決算書の数字と株価は、ある程度の相関関係があるものの、完全には連動しません**。それは、証券市場（マーケット）での需給関係や、投資家の予想や期待が織り込まれているからです。

　業績が今後も伸びて将来株価が上がると投資家が予想すれば、その会社の株式に"買い"が集まり、株価は上昇します。しかし、今は業績が良くても先行きは厳しいと投資家が予想すれば、その会社の株式が"売り"に出され、株価は下落します。

　したがって、**株価と決算書を見比べることによって、いまマーケットで会社がどのように評価されているのかが分かります。**

　株価との比較でよく使わる指標が、「BPS（1株当たり純資産）」と「EPS（1株当たり当期純利益）」です。

◆ BPS（1当たり純資産）

　BPSとは、**貸借対照表に計上されている純資産を発行済み株式数で割ったもの**です（図表8-9）。

　純資産は資産から負債を差し引いた正味の財産なので、それ自体が株主に帰属する、あるべき価値の目安となります。

　仮にいま会社を解散したら、保有する資産すべてをお金に換え、そのお金で負債を全額支払って、残ったお金を株式数に応じて株主に配分します。したがって、BPSは1株当たり解散価値のようなものです。

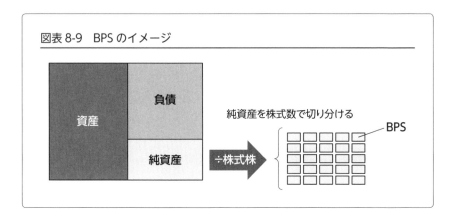

図表 8-9　BPS のイメージ

資産

負債

純資産

÷株式株

純資産を株式数で切り分ける

BPS

つまり、**株価が BPS 以下という会社は、存続し続けるよりも、さっさと会社を畳んで残余財産を株主に分配した方がまだマシだと、マーケットから評価されている**ことを意味します（図表 8-10）。

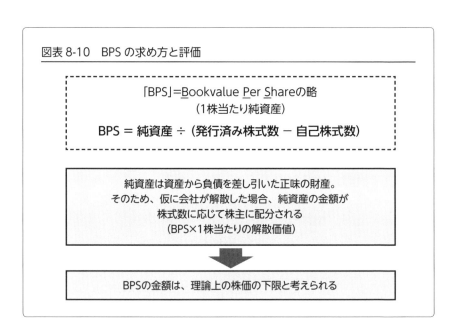

図表 8-10　BPS の求め方と評価

「BPS」=Bookvalue Per Shareの略
（1株当たり純資産）

BPS = 純資産 ÷（発行済み株式数 − 自己株式数）

純資産は資産から負債を差し引いた正味の財産。
そのため、仮に会社が解散した場合、純資産の金額が
株式数に応じて株主に配分される
（BPS×1株当たりの解散価値）

BPSの金額は、理論上の株価の下限と考えられる

このように、BPS と株価を比較する指標を「PBR（Price Bookvalue Ratio、株価純資産倍率）」といいます。

計算式は以下の通りです。

$$PBR（倍）＝株価 \div BPS$$

つまり、PBR は株価が BPS の何倍になっているかを表した指標です。**PBR が 1 倍を上回っていることが通常**で、逆に下回っている会社は、投資家から期待されていない会社ということがうかがえます。

◆ EPS（1株当たり当期純利益）

EPS とは、**損益計算書に計上されている、親会社株主に帰属する当期純利益を発行済み株式数で割ったもの**です（図表8-11）。

親会社株主に帰属する当期純利益は 1 年間の経営活動の結果生み出された最終的な利益ですので、あるべき価値の目安となります。

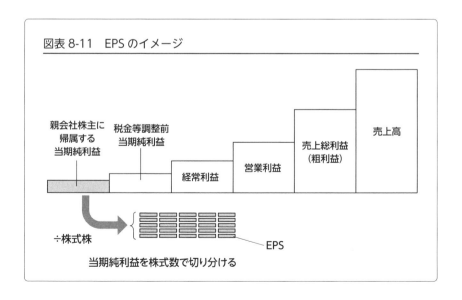

図表 8-11　EPS のイメージ

第8章　会計スキルを磨く

ここで留意すべき点は、**EPS のもととなる当期純利益は過去 1 年分の実績しか反映されていないこと**です。したがって、単純に EPS と株価を比較しても意味がありません。平均的に、株価は向こう 15 年分の利益見込みで形成されていると考えられています。したがって、その場合は EPS を 15 倍した数値と株価とを比較して、投資家がどのような評価をしているのかを判断します。

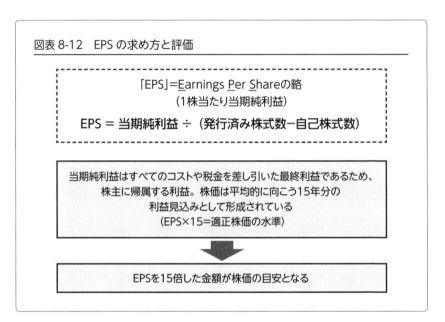

図表 8-12　EPS の求め方と評価

「EPS」=Earnings Per Share の略
（1 株当たり当期純利益）

EPS ＝ 当期純利益 ÷（発行済み株式数－自己株式数）

当期純利益はすべてのコストや税金を差し引いた最終利益であるため、株主に帰属する利益。株価は平均的に向こう 15 年分の利益見込みとして形成されている
（EPS×15＝適正株価の水準）

EPS を 15 倍した金額が株価の目安となる

　このように、EPS と株価を比較する指標を「PER（Price Earnings Ratio、株価収益率）」といいます。

　計算式は以下の通りです。

$$\text{PER（倍）} = \text{株価} \div \text{EPS}$$

　つまり、PER は株価が EPS の何倍になっているかを表した指標です。先ほど説明した通り、株価は通常、向こう 15 年分の利益見込みで形成

されているため、**PER が 15 倍を割ると投資家はその会社の将来性にあまり期待していない**ということがうかがえます。

　ただし、15 倍というのはあくまで全業種平均であって、業界にごとに標準的な PER は異なります。成長性が高いインターネット業界の PER は高めです。それは、今の EPS が小さくても、今後 15 年にわたり右肩上がりで増えていくことが予想できるため、株価もそれを織り込んで高めに釣り上がる傾向にあるからです。

4 ≫ 社会や世界の動きを追う

　企業の業績は、社会や世界の動きとつながっています。**日々、新聞やニュースで伝わってくる情報が、企業業績にどのような影響を及ぼすのかを思考することで、企業会計に関するリテラシーがアップします。**

◆ 自社が属する業界の企業動向

　自社が属する業界のトップ企業の動向は常にウォッチしておきましょう。

　たとえば、自動車業界であればトヨタ自動車、アパレル業界であればファーストリテイリング、テーマパーク業界であればオリエンタルランドなど、その業界を象徴する企業が存在すると思います。

　四半期ごとの決算発表をチェックするのはもちろん、業績予想の修正、組織再編、他社との業務提携など、企業の業務・運営・業績に関する重要な動向はすべて、証券取引所のルールとして開示が義務付けられていますので、これらもウォッチしたいところです。

　これらは、**適時開示情報閲覧サービス「TDnet」**や、日本経済新聞の**ウェブサイトの「適時開示速報」**などで、チェックすることができます。

日本証券取引所の TDnet：https://www.release.tdnet.info/
日経の適時開示速報：https://www.nikkei.com/markets/kigyo/disclose/

あるいは、業界誌などで業界が抱えている課題や最新のトレンドなどにも、日々触れておきましょう。

♦ 顧客企業が属する業界の企業動向

企業が顧客のビジネス（BtoB ビジネス）であれば、顧客企業が属する業界動向にも注視しましょう。

たとえば、医薬品メーカー向けのシステム開発を手掛ける IT 企業であれば、顧客企業である医薬品メーカーの決算書を分析し、そこから得られる医薬品業界が抱える課題やビジネスの特徴を理解することで、顧客企業のニーズを探ることができるでしょう。

♦ 成長著しい業界の企業動向

自社とは全くかけ離れている業界であっても、成長著しい企業の決算書を分析することは有効です。

業績好調な企業には、何かしらの要因があるはずです。どのような要因で業績を伸ばしているのかを決算書から読み解いてみると、自社でも取り入れられるアイディアが見つかるかもしれません。

たとえば、「GAFA」と呼ばれる米国に本拠を置く、Google、Amazon.com、Facebook、Apple Inc. の 4 つの主要 IT 企業が世界中の経済を席巻しています。これらの決算書を分析することで、どこに特徴が表れていて、何が強みなのか、さらには過去からの時系列で決算書を分析することで、何が飛躍のきっかけになったのかを見抜くことができれば、仕事に活かすことができる多くのヒントや示唆が得られるはずです。

ちなみに、**米国で上場している企業の決算書は、米国証券取引委員会が管理・運営する「EDGAR」から入手可能**です。

EDGAR：https://www.sec.gov/edgar.shtml

索 引

あ

赤字 ·······················78, 84, 85
粗利益 ··························49, 50
粗利（益）率 ··················56, 106
インベスター・リレーションズ ·····113
受取利息 ·························52
売上原価 ···49, 50, 53, 54, 58, 79, 86, 110
売上総利益 ··········49, 50, 55, 106, 110
売上総利益率 ··················56, 106
売上高 ·····48, 49, 50, 52, 56, 78, 106, 112
売掛金 ···············33, 43, 46, 90, 103
営業活動によるキャッシュ・フロー
　（営業C/F）·····60, 62, 65, 69, 72, 112
営業外収益 ··················50, 52, 53
営業外損益 ·····················49, 50
営業外費用 ··················51, 53, 54, 58
営業収益 ·························52
営業利益 ··················49, 50, 51, 55
営業利益率 ························56
益金 ··························95, 97
役務収益 ·························52
親会社 ··························26
親会社株主に帰属する当期純利益
　···········49, 51, 55, 56, 76, 95, 177

か

買掛金 ···············33, 44, 45, 62
会計期間 ··············23, 24, 25, 74
会社法 ···············167, 169, 170
貸倒れ ··················44, 81, 82
貸倒れリスク ············43, 44, 104
過剰な投資 ······················70
借入金 ··························33
為替差益 ·····················52, 53
為替差損 ·····················53, 54
監査 ······················167, 168
監査法人 ·······················168
間接法 ··························72
官報 ······················172, 174
危険水域タイプ ··················68, 69
期首 ···················23, 24, 76, 77
期末 ···········23, 24, 25, 74, 75, 76, 77
キャッシュ・フロー ···········60, 69
キャッシュ・フロー計算書（C/F）

　·······24, 60, 75, 76, 78, 104, 112, 172
銀行子会社 ······················41
金融商品取引法 ·········167, 168, 169
黒字 ·························78, 84
黒字倒産 ··················78, 81, 82
計算書類 ·····················139, 143
経常利益 ··················49, 50, 51, 54
経常利益率 ·····················55, 56
決算 ···························23
決算公告 ···········167, 169, 171, 172
決算書 ·············20, 21, 23, 24, 95,
　　　　102, 166, 167, 171, 175
決算短信 ············167, 168, 169, 171
決算日 ··························23
減価償却 ·········83, 84, 85, 88, 94, 111
減価償却費 ·······53, 72, 85, 86, 110, 111
健全な投資 ······················70
子会社 ······················26, 32, 63
国際会計基準 ·····················94
固定資産 ···32, 33, 46, 53, 83, 85, 86, 88
固定資産売却益 ··················52, 53
固定資産売却損 ··················53, 54
固定費 ··························58
固定負債 ·························33
個別キャッシュ・フロー計算書 ···26, 171
個別財務諸表 ··············26, 51, 171
個別損益計算書 ··············26, 171
個別貸借対照表 ···········26, 42, 171

さ

在庫リスク ·····················43, 44
財務活動によるキャッシュ・フロー
　（財務C/F）············60, 64, 66, 72
財務3表 ·····················24, 74
財務諸表 ·····················20, 25
自己資本比率 ·····35, 36, 38, 40, 42, 104
資産 ··············28, 29, 31, 32, 46, 91
資産の部 ·····················28, 91
四半期決算短信
　··········167, 168, 169, 170, 171, 172
四半期報告書
　··········167, 168, 169, 170, 171, 172
資本金 ·····················34, 38, 40
資本剰余金 ·················34, 38, 40

収益 ・・・・・・・・・・・・・・・・・52, 79, 95
収益力 ・・・・・・・・・・・・・・・・・・・55, 57
純資産 ・・・・・・・・・・・・28, 29, 31, 32, 34,
　　36, 38, 46, 86, 90, 104, 175, 176
純資産の部 ・・・・・・・・・・・・・・・・28, 174
純粋持株会社 ・・・・・・・・・・・・・・・・・・26
証券取引所のルール ・・・167, 168, 169, 179
上場企業 ・・・・・・26, 66, 113, 167, 168, 172
所得 ・・・・・・・・・・・・・・・・・・・・・95, 96
ステークホルダー ・・・・・・・・・・・・21, 23
税金等調整前当期純利益
　　・・・・・・・・・・・・・・・49, 51, 55, 57, 72, 95
製造原価明細書 ・・・・・・・・・・・・・・・・110
税務 ・・・・・・・・・・・・・・・・・・・・・95, 96
積極投資タイプ ・・・・・・・・・・・・・・・・67
設備投資 ・・・・・・・・・・46, 63, 84, 98, 111
選択と集中タイプ ・・・・・・・・・・・67, 68
損益計算書（P/L） ・・・・24, 25, 48, 55, 72,
　　74, 76, 78, 82, 85, 89, 95, 104, 110, 177
損金 ・・・・・・・・・・・・・・・・・・95, 97, 99

た

貸借対照表（B/S） ・・・・・・・24, 25, 28, 72,
　　74, 76, 85, 86, 89, 91, 104, 175
棚卸資産 ・・・・・・・・・・・・・・・43, 46, 72
単体 ・・・・・・・・・・・・・・・・・・・・・・・26
帳簿 ・・・・・・・・・・・・・・・・・・・・・・102
直接法 ・・・・・・・・・・・・・・・・・・・・・72
適時開示速報 ・・・・・・・・・・・・・・・・・179
デュー・デリジェンス ・・・・・・・・・・・92
電子公告 ・・・・・・・・・・・・・・・・172, 174
当期純利益 ・・・49, 51, 52, 56, 95, 174, 177
当期純利益率 ・・・・・・・・・・・・・・・・・56
投資活動によるキャッシュ・フロー
　（投資C/F） ・・・・・・・・60, 63, 65, 69, 72
特別損益 ・・・・・・・・・・・・・・・・・49, 51
特別損失 ・・・・・・・・・・・・・51, 53, 54, 58
特別利益 ・・・・・・・・・・・・・・51, 52, 53

な

日刊新聞 ・・・・・・・・・・・・・・・・172, 174
のれん ・・・・・・・・・・・・・・・・32, 87, 91

は

配当金 ・・・・・・・・・・・・・・・・・・53, 64
販売費及び一般管理費
　　・・・・・・・・・・49, 50, 53, 54, 58, 86, 112

引当金 ・・・・・・・・・・・・・・・・・・89, 90
非上場企業 ・・・・・・・・・・・・167, 169, 172
費用 ・・48, 53, 58, 79, 84, 85, 86, 95, 97, 108
費用収益対応の原則 ・・・・・・・・・・・・・79
負債 ・・・・・・・・・・・・28, 29, 31, 33, 46, 89
負債の部 ・・・・・・・・・・・・・・・・・・・28
フリー・キャッシュ・フロー（FCF）
　　・・・・・・・・・・・・・・・・・・・・・・69, 71
ベンチャータイプ ・・・・・・・・・・・・・・68
変動費 ・・・・・・・・・・・・・・・・・・・・・58
法人税等 ・・・・・・33, 49, 51, 53, 55, 58, 95
法定耐用年数 ・・・・・・・・・・・・・・・・・88
簿記 ・・・・・・・・・・・・・・・・・・・・・・102

ま

未払金 ・・・・・・・・・・・・・・・・・・・・・33
持株会社 ・・・・・・・・・・・・・・・・・・・26

や

有価証券報告書 ・・167, 168, 169, 170, 171
優良企業タイプ ・・・・・・・・・・・・・66, 67
与信管理 ・・・・・・・・・・・・・・・・・・・103

ら

利益剰余金 ・・・・・・・・・・34, 39, 40, 76, 86
利害関係者 ・・・・・・21, 22, 23, 96, 102, 113
流動資産 ・・・・・・・・・・・・・・32, 33, 37, 43
流動比率 ・・・・・・・・・37, 38, 43, 44, 104
流動負債 ・・・・・・・・・・・・33, 37, 38, 43
レビュー ・・・・・・・・・・・・・・・167, 168
連結キャッシュ・フロー計算書 ・・26, 171
連結財務諸表 ・・・・・・・・・・・・・・26, 171
連結損益計算書 ・・・・・・・・・・・・26, 171
連結貸借対照表 ・・・・・・・・・26, 42, 171

アルファベット

BtoBビジネス（BtoB取引） ・44, 103, 180
BtoCビジネス（BtoC取引） ・・・・・44, 103
BPS（1株当たり純資産） ・・・・・175, 176
EDGAR ・・・・・・・・・・・・・・・・・・・180
EPS（1株当たり当期純利益） ・・・177, 178
IFRS ・・・・・・・・・・・・・・・・・・・・・94
IR ・・・・・・・・・・・・・・・・・・・・・・・113
M&A ・・・・・・・・・・・・・・・・・・92, 107
PBR（株価純資産倍率） ・・・・・・・・・・177
PER（株価収益率） ・・・・・・・・・・・・178
TDnet ・・・・・・・・・・・・・・・・・・・・179

【著者プロフィール】
川口 宏之（かわぐち　ひろゆき）
公認会計士。
1975年栃木県生まれ。
2000年より国内大手監査法人である有限責任監査法人トーマツ（旧：監査法人トーマツ）にて、主に上場企業の会計監査業務に従事。
2006年、みずほ証券（旧：みずほインベスターズ証券）にて、主に新規上場における引受審査業務に従事する。
2008年、これまでの経験を活かし、ITベンチャー企業の取締役兼CFOに就任。バックオフィス業務全般（財務・経理・総務・法務・労務・資本政策・上場準備）を担当し、ベンチャーキャピタルからの資金調達、M&Aなどで成果を上げた。
その後、独立系の会計コンサルティングファームにて、IFRS導入コンサルティング業務や決算支援業務、研修・セミナー講師などを10年間経験した。
「監査法人」「証券会社」「ベンチャー企業」「会計コンサル」の4つの立場と視点で「会計」に携わった経験を持つ、数少ない公認会計士。
これらの経験をもとに、「会計」という一見とっつきにくいテーマを、図解でわかりやすく説明することに定評がある。指導実績は1万人を超え、受講満足度は5段階評価で平均4.8を誇る。
主な著書に『決算書を読む技術』『決算書を使う技術』（かんき出版）、『いちばんやさしい会計の教本』（インプレス）、『経営や会計のことはよくわかりませんが、儲かっている会社を教えてください！』（ダイヤモンド社）のほか、新聞・雑誌等で複数の連載を受け持つ。
公式サイト：http://kawaguchihiroyuki.com/

基本がわかる　実践できる
決算書の読み方・活かし方

2020年3月20日　初版第1刷発行

著　者——川口 宏之
　　　　　Ⓒ2020 Hiroyuki Kawaguchi
発行者——張 士洛
発行所——日本能率協会マネジメントセンター
〒103-6009 東京都中央区日本橋2-7-1　東京日本橋タワー
TEL 03（6362）4339（編集）／03（6362）4558（販売）
FAX 03（3272）8128（編集）／03（3272）8127（販売）
http://www.jmam.co.jp/

装　　　丁——冨澤 崇（EBranch）
本文DTP——株式会社森の印刷屋
印　　　刷——広研印刷株式会社
製　　　本——株式会社三森製本所

本書の内容の一部または全部を無断で複写複製（コピー）することは、法律で認められた場合を除き、著作者および出版者の権利の侵害となりますので、あらかじめ小社あて許諾を求めてください。

ISBN978-4-8207-2779-8 C2034
落丁・乱丁はおとりかえします。
PRINTED IN JAPAN

JMAM の本

マンガでやさしくわかる
簿記入門

前田 信弘 著
薄荷 通 作画
四六判 264 頁

小さな商店を株式会社にするまでのストーリーで、簿記入門レベルの知識が学べます！急逝した祖父の商店を継ぐことになったフリーターの宮原信、19歳。帳簿など見たこともなく、お店の経営に四苦八苦。そこに会計知識に強い幼なじみの木塚恵がお店の手伝いに来ることに。
連日の恵の指導によって会計力ゼロの信が、仕訳の仕方から帳簿の付け方、さらには決算書の作り方までを学んでいきます。

ケースでわかる
管理会計の実務

松永 博樹・内山 正悟 著
A5判 304 頁

管理会計は、将来の利益を生むための基本として、意思決定や投資の評価などのように、企業経営において欠かせません。管理会計の活用レベルの差がそのまま業績の差となって表れますので、すべての人が知っておくべきビジネス・ツールです。
本書は、「製品別採算管理」「事業ポートフォリオ管理」「投資案件管理」について、ケースをもとに企業の担当者に向けて実務的にまとめています。

日本能率協会マネジメントセンター